体力トレーニングの理論と実際 第2版

Theory and Practice of Physical Fitness Training

大阪体育大学体力トレーニング教室 編

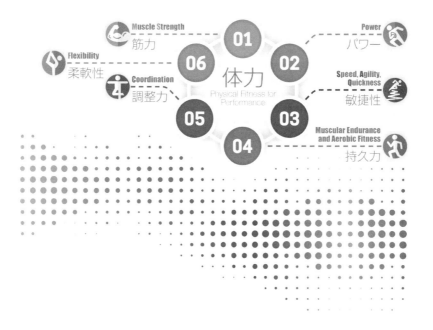

大 修 館 書 店

まえがき

　近年のスポーツ科学の進歩には目を見張るものがあり，運動生理学を中心に，健康や体力づくりのためのトレーニング科学は大いに発展してきている。競技スポーツの分野では，スポーツの高度化に伴い，トレーニングによって選手の体力を効率よく向上させ，パフォーマンス改善がおこなわれてきた。また，一般人を対象としたものでは，生涯スポーツの推進，生活習慣病の予防，子どもや高齢者の体力向上など，幅広い対象や目的に応じた体力トレーニングの必要性が唱えられてきている。競技スポーツ分野における国際的な発展や今後ますます高齢化していく日本の社会状況を踏まえると，体力トレーニングはより身近なテーマとなり，その重要性はさらに増大していくであろう。

　大阪体育大学は，1965年の開学以来，体育・スポーツ科学の発展に寄与すべく，その専門的知識と経験を備えた指導者および教員の育成をめざしてきた。そのなかで，本学カリキュラムの主要な領域である「体力トレーニング」においては，効果的な体力づくりに関するトレーニング科学の理論とその実践を中心に，長年多くの学生に学ぶ場を提供しており，卒業生は学校体育・競技スポーツ・生涯スポーツなどのスポーツ指導現場で大いに活躍している。

　本書は，現在，本学カリキュラムの基礎教育科目である「体力トレーニング論・同実習」の講義を担当されている先生方を中心に執筆を依頼し，それぞれの専門的立場（専門スポーツ種目も含めて）から，その特徴を活かした体力トレーニングの理論および実際のトレーニング例を紹介していただいた。また，今回は章の再編成と新しい知見などを加え，更なる充実化を図った。そして，内容的には，「科学的な知識を現場で活用できる（理論と実践）」ということをモットーにしており，体力トレーニングに携わるコーチや指導者，そして教員などを対象に，いろいろな指導現場で活用されることを期待している。

　最後に，本書の出版に際しては，大修館書店編集部の粟谷　修氏，川口修平氏，錦栄書房の三浦京子氏に対し，心から感謝の意を表したい。

2021年2月　編集委員代表　梅林 薫

Contents

第1章

スポーツと体力

1. スポーツパフォーマンスと体力

　どのようなスポーツであっても，選手はできる限り高いパフォーマンスを発揮することを目標としている。スポーツにおけるパフォーマンスは，**図1-1**に示すように，技術（調整力），体力，心的能力（精神力），戦術（感覚―認知的能力）といった個別能力や，それらの前提となる内的条件，外的条件などの要素から成り立っている。特に技術，体力，戦術の要素は相互に関係しながらパフォーマンスの発揮にかかわっており，どの要素がパフォーマンス発揮に大きく影響しているかは，スポーツ種目によって異なる。例えば，陸上競技，水泳競技などの種目では体力要素

図1-1　スポーツのパフォーマンスを構成している要素

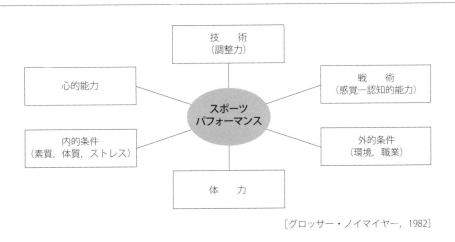

［グロッサー・ノイマイヤー，1982］

の影響が大きく，体操競技や球技種目などでは，技術要素あるいは戦術要素の影響が大きい。ただし，技術要素や戦術要素の影響が大きいとはいっても，技術は体力の向上あるいは低下によって量的にも質的にも変化してしまう特性を有しており，また，戦術は技術や体力のレベルと密接に結びついていることからすると，いずれにしても，体力はこれらの要素のなかでも土台となる位置づけにあるということは確かである。

　したがって，スポーツ種目によって各要素の比重は異なるにしても，体力トレーニングを各種スポーツのトレーニングのなかにどのように組み入れていくかについては，常に考えていく必要があるのである。例えば，バスケットボールの技術トレーニングをおこなう場合，シュートやドリブルなどの上達は大きな目標となるが，試合を通した相手の当たりの強さや勝敗を決する試合の終盤における体力消耗の状態を考え，より体力的負荷を加味したトレーニングメニューにしていかなければ，高いパフォーマンスの発揮は望めないということである。

2. 体力とは

　体力（physical fitness）とは，人間が生存し活動するために備わった身体的能力の総称である。通常は身体的要素と精神的要素に分けて捉えられており，一般的には前者を体力として扱うことが多い。体力には行動体力と防衛体力の2つがある。

●──行動体力と防衛体力

　行動体力とは，外部環境に働きかけて積極的によりよく「生きていく」ために必要な体力のことである。行動体力はさらに，行動を起こす能力（筋力，筋パワー），行動を持続する能力（筋持久力，全身持久力），行動を調節する能力（平衡性，敏捷性，巧緻性，柔軟性）の3つに分けることができる（**図1-2**）。例えば，重い荷物を持ち上げたり運んだりする場合（筋力,筋パワー），駅までの長い距離を走る場合（全身持久力）などの，日常生活のいろいろな場面で必要とされる体力である。また，スポーツにおけるパフォーマンス発揮に直接影響する体力でもある。

　防衛体力とは，外部環境から加わるさまざまなストレスに対して抵抗し，「生きていく」ために必要な体力のことである。防衛体力はさらに，寒冷や暑熱などの物理化学的ストレスに耐える抵抗力，細菌やウイルスなどの生物的ストレスに耐える抵抗力，空腹や疲労などの生理的ストレスに耐える抵抗力，不快や苦痛などの精神的ストレスに耐える抵抗力などに分けられる。心身ともに健康に生きていくためには必須となる体力である。

　スポーツにおけるパフォーマンスの向上を図るには，直接的には行動体力を意識した体力トレーニング計画を立てて取り組んでいくことになるが，行動体力を支えている防衛体力もあわせて意識することが大切である。精神的・身体的ストレスあるいは病気などが原因で体調を崩すとパフォーマンスにも影響が及ぶからである。

図1-2　体力の分類

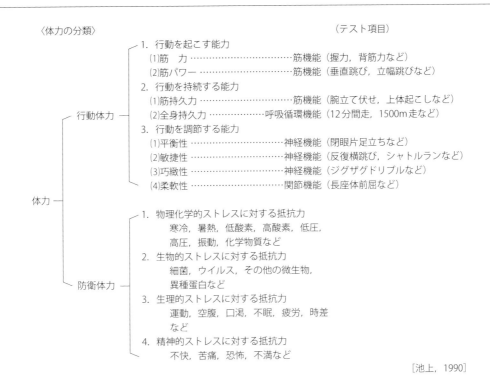

〈体力の分類〉　　　　　　　　　　　　　　　　　　　　　　　　　　　　　　（テスト項目）

体力 ──┬── 行動体力 ──┬── 1.　行動を起こす能力
　　　　　　　　　　　　　　　⑴筋　　力 ……………………………………筋機能（握力，背筋力など）
　　　　　　　　　　　　　　　⑵筋パワー ……………………………………筋機能（垂直跳び，立幅跳びなど）
　　　　　　　　　　　　　　2.　行動を持続する能力
　　　　　　　　　　　　　　　⑴筋持久力 ……………………………………筋機能（腕立て伏せ，上体起こしなど）
　　　　　　　　　　　　　　　⑵全身持久力 …………………………………呼吸循環機能（12分間走，1500m走など）
　　　　　　　　　　　　　　3.　行動を調節する能力
　　　　　　　　　　　　　　　⑴平衡性 ………………………………………神経機能（閉眼片足立ちなど）
　　　　　　　　　　　　　　　⑵敏捷性 ………………………………………神経機能（反復横跳び，シャトルランなど）
　　　　　　　　　　　　　　　⑶巧緻性 ………………………………………神経機能（ジグザグドリブルなど）
　　　　　　　　　　　　　　　⑷柔軟性 ………………………………………関節機能（長座体前屈など）

　　　　　└── 防衛体力 ──┬── 1.　物理化学的ストレスに対する抵抗力
　　　　　　　　　　　　　　　　　寒冷，暑熱，低酸素，高酸素，低圧，
　　　　　　　　　　　　　　　　　高圧，振動，化学物質など
　　　　　　　　　　　　　　2.　生物的ストレスに対する抵抗力
　　　　　　　　　　　　　　　　　細菌，ウイルス，その他の微生物，
　　　　　　　　　　　　　　　　　異種蛋白など
　　　　　　　　　　　　　　3.　生理的ストレスに対する抵抗力
　　　　　　　　　　　　　　　　　運動，空腹，口渇，不眠，疲労，時差
　　　　　　　　　　　　　　　　　など
　　　　　　　　　　　　　　4.　精神的ストレスに対する抵抗力
　　　　　　　　　　　　　　　　　不快，苦痛，恐怖，不満など

[池上，1990]

●──体力の3要素

　筋力，スピード，持久力は，体力の主要な3要素である。**図1-3**は，その3つの関係を総合的に捉えた三次元モデルである。筋力，スピード，持久力は，それぞれ力，速度，時間という3つの軸で表されており，おのおのの関係は2軸間の曲線で示されている。

　曲線は，筋力とスピードとの関係ではパワーを，スピードと持久力の関係ではスピードの持久力を，筋力と持久力の関係では力の持久力を表している。そして3つの曲線から形づくられる面は，パワーの持久力を表している。それぞれのスポーツにおいては，競技の特性に応じて，これら3つの要素のバランスが異なっている。

　図1-4は，スピード，筋力，持久力の優位性の関係を示した三次元モデルである。どの要素が優位であるかによって，競技種目を3つのタイプに分けている。aのタイプは，筋力が優位となっているもので，ウエイトリフティング，投擲種目（特に砲丸投げ）などがあげられる。bのタイプは，スピードが優位となっており，卓球やフェンシング，短距離走などがあげられる。cのタイプは，持久力が優位であり，マラソンなどの長距離走種目があげられる。

　以上，いろいろなスポーツの種目を例としてあげたが，実際には，3つの体力要素だけではなく，他の体力要素も加味する必要がある。すなわち，自分のスポーツ種目の体力特性について詳細に把握することが重要であり，そのうえで，体力トレーニングを考えていかなければ，せっかく時

図1-3　体力の主要な3要素

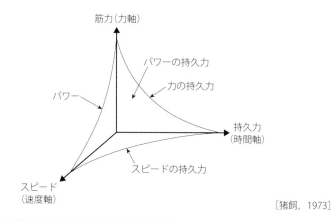

［猪飼，1973］

図1-4　スピード，筋力，持久力の優位性の関係図

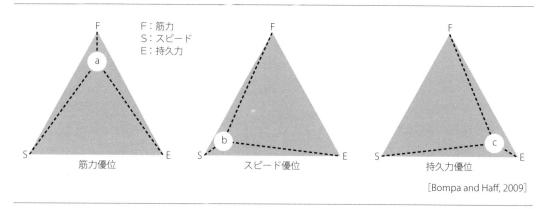

F：筋力
S：スピード
E：持久力

筋力優位　　　スピード優位　　　持久力優位

［Bompa and Haff, 2009］

図1-5　種々のスポーツ種目の体力要素の優位性の関係図

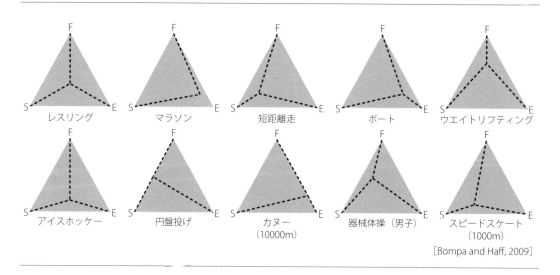

レスリング　マラソン　短距離走　ボート　ウエイトリフティング

アイスホッケー　円盤投げ　カヌー（10000m）　器械体操（男子）　スピードスケート（1000m）

［Bompa and Haff, 2009］

図1-6　各体力要素間の相互関係図

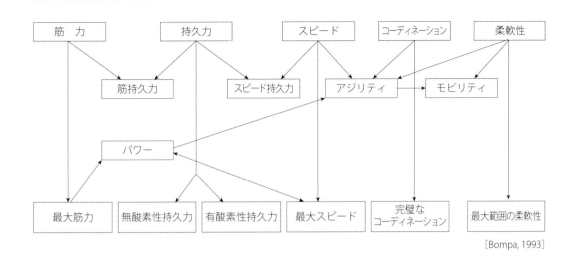

[Bompa, 1993]

間を費やしているにもかかわらず，間違った方向でのトレーニングとなってしまう可能性がある。体力トレーニングの課題や方法，方向性などを的確に判断するためにも，そのスポーツ種目の体力特性の把握が出発点となると言える。

　図1-5は，いろいろなスポーツ種目について体力要素の優位性を具体的に示したものである。このように，競技特性からみた体力特性の優位性と，選手個人に備わっている体力特性の優位性の両面を考えつつ，体力トレーニングのあり方を検討することが必要である。

　図1-6は，筋力，スピード，持久力のほかに，柔軟性，コーディネーション（調整力），アジリティ（敏捷性），モビリティ（可動性）といった体力要素が示されており，その関係性を表したものである。それぞれ，関連性が強い体力要素を結びつけている。

　球技種目などで重要な位置を占めるアジリティ能力は，スピード，コーディネーション，柔軟性，そしてパワーなどの体力要素の影響を受け，モビリティに影響を与えることが示されている。例えば，すばやい動きや切り返し動作などを必要とするパフォーマンスを効果的に向上させるためには，このような各体力要素間の相互関係を前提に，より具体的にトレーニングの内容を決定していかなければならない。

3. トレーニングとは

　トレーニング（training）は，train（訓練する，教育する，練習するなど）の名詞形である。Harreらの著書（1982）によれば，「トレーニングという言葉は，いろいろな意味に用いられるが，広義にはヒトの身体的，精神的，知的または機械的パフォーマンスを速やかに増す目的でおこなわれる組織化された教授法」と定義されている。また，**表1-1**には，競技スポーツのためのトレー

表1-1　競技スポーツのためのトレーニング

1. パーソナリティの発達
2. コンディショニング
3. スポーツのテクニックとコーディネーションのトレーニング
4. 戦術のトレーニング
5. メンタルトレーニング

［Harre and Barsch, 1982］

ニングとしての内容を示している。

　したがって，スポーツにおける体力トレーニングについては，筋肉や腱，靱帯，心臓，呼吸循環機能，筋—神経機能，柔軟性などを強化していく一連の運動を示すことになる。

［文　献］
• Bompa, T. O. (1993) Periodization of strength: The new wave in strength training. Veritas Pub.
• Bompa, T. O. and Haff, G. G. (2009) Strength and power development. In: Periodization: Theory and methodology of training (5th ed.). Human Kinetics: pp. 259-285.
• グロッサー・ノイマイヤー：朝岡正雄・佐野淳・渡辺良夫訳（1995）技術とスポーツパフォーマンス，選手とコーチのためのスポーツ技術のトレーニング．大修館書店：pp. 5-19.
• Harre, D. and Barsch, J. (1982) Principles of sports training: Introduction to the theory and methods of training. Sportverlag.
• 猪飼道夫（1973）エネルギー論．猪飼道夫編著，身体運動の生理学．杏林書院：pp. 281-309.
• 池上晴夫（1990）新版 運動処方—理論と実際—．朝倉書店.

第2章

人体のエネルギー供給システムと
それを高めるトレーニング法

1. 3つのエネルギー供給システムの特徴

　筋肉は，ヒトが走ったり，跳んだり，投げたり，身体を動かすときに，収縮を繰り返している。筋肉が収縮し続けるためには，エネルギーが必要であるが，そのエネルギー源とは何だろうか。

　筋収縮に必要なエネルギーは，アデノシン三リン酸（adenosine triphosphate：ATP）であり，筋収縮を引き起こす直接的な高エネルギーリン酸化合物である（**図2-1**）。これはほとんどの細胞，特に筋細胞に貯えられている。アデノシン三リン酸は，アデノシンと呼ばれる分子と3つのリン酸基から構成されている。特に後ろの2つのリン酸基が高エネルギー結合をしているため，アデ

図2-1　アデノシン三リン酸の構造

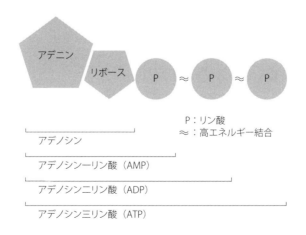

図2-2　筋活動におけるエネルギー供給システムの概要

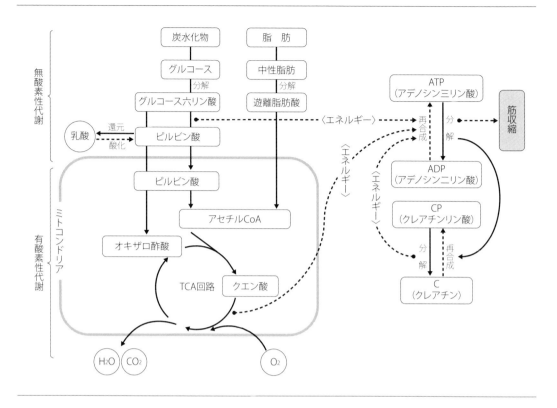

ノシン三リン酸（ATP）からアデノシン二リン酸〔adenosine diphosphate：ADP〕と無機リン酸（inorganic phosphate：Pi）に分解されるとき，高エネルギーが放出され筋収縮がおこなわれる。しかしながら，アデノシン三リン酸の筋内への貯蔵量は限られており，筋活動を続けるためにはすばやくエネルギー補給されなければならない。では，どのようにして体内でアデノシン三リン酸をつくり出しているのだろうか。

アデノシン三リン酸は，ヒトの身体ではATP-CP系，解糖系，酸化系という3つの方法によって供給されている。これらのエネルギー供給システムは，単独で働いているのではなく，すべて同時に作用している（**図2-2**）。

●──ATP-CP系（筋内でATPを産生）

ATP-CP系とは，筋収縮で分解されたADPを筋内に貯蔵されているクレアチンリン酸（creatine phosphate：CP）によって，ATPへ連続的に再合成させるエネルギー供給システムのことである。

ATPとCPによるエネルギー供給量は，成人男性において体重1kgあたりおよそ100calでエネルギー供給速度は13.3cal/kg/秒である。したがって，ATPとCPのエネルギーが最大限発揮されるとエネルギー供給持続時間は100cal/kg÷13.3cal/kg/秒≒7.5秒となる（**表2-1**）。ジャンプ，ダッシュ，スイングなどは，おもにこのエネルギー供給システムを利用している。

表2-1　3つのエネルギー供給システムの供給量，供給速度および持続時間

エネルギー供給システム	供給量 （cal/kg）	供給速度 （cal/kg/秒）	持続時間 （秒）
ATP-CP系	100	13.3	7.5
解糖系	220	6.9	31.9
酸化系	∞	3.6	∞

[Margaria, 1967]

●──解糖系（細胞質基質でATPを産生）

　解糖系とは，筋グリコーゲン，肝グリコーゲンおよび血中グルコースなどの糖質をピルビン酸に分解する過程においてATPを産生するエネルギー供給システムのことである。ピルビン酸は，酸素が十分に供給されない状態では乳酸脱水素酵素（lactate dehydrogenase：LDH）によって乳酸へと還元される。この過程を無酸素的解糖と呼ぶ。乳酸はこれまで解糖系の最終産物とされてきたが，今ではミトコンドリア内に取り込まれて酸化され，ATPを産生するエネルギー基質として注目されている。糖分解におけるエネルギー供給量は，成人男性において体重1kgあたりおよそ220calで，エネルギー供給速度は6.9cal/kg/秒である。すなわち，エネルギーの供給持続時間は，220cal÷6.9cal/kg/秒≒31.9秒であり，ATP-CP系と解糖系を合わせると約40秒となり，これは陸上競技の400m走に相当する。

●──酸化系（ミトコンドリアでATPを産生）

　酸化系とは，糖質と脂質をエネルギー基質として酸素を利用してATPを産生するエネルギー供給システムのことである。糖質は，ピルビン酸に分解された後に，ミトコンドリアに取り込まれてアセチルCoAに還元される。その後，TCA回路（クレブス回路とも呼ぶ）にて酸素を利用しATPが産生され，最終的に水と二酸化炭素に分解される。この過程におけるATP産生を有酸素的解糖と呼ぶ。一方，脂質は遊離脂肪酸（free fat acid：FFA）がアセチルCoAに還元され，その後に酸素を使った分解によってATPを産生する。この反応はミトコンドリア内で酸素を利用しておこなわれることから，有酸素的脂肪分解と呼ぶ。

　酸化系におけるエネルギー供給速度は3.6cal/kg/秒であり，エネルギー源である糖質と脂質が存在する限り無限に供給される。しかしながら，脂質がエネルギーを産生する際には，糖質由来のクエン酸がトリガーとなるため，体内の糖質が枯渇してしまうと，いくら脂肪が存在しても分解することができず，エネルギー産生ができなくなるのである。マラソン，トライアスロン，ロードレースなどの自転車競技は，このエネルギー供給システムを利用している。

2. 3つのエネルギー供給システムを高めるトレーニング法

　スポーツ活動におけるエネルギー供給システムの割合を把握することは，日頃のトレーニング

や競技パフォーマンス向上へとつながる。

　ヒトはATPの分解・合成によって化学エネルギーをつくり出し身体活動をおこなっている。化学エネルギーは，直接，測定することはできないが，最大運動で発揮された機械エネルギーを測定することで間接的に知ることができる。その測定・評価方法は，第9章で詳しく述べることにする。機械エネルギーとして放出されたパワー出力は，最大仕事量（ハイパワー），血中乳酸濃度（ミドルパワー），最大酸素摂取量（ローパワー）などを測定することで把握できる。エネルギー供給システムについては前述したようにおもに3つの供給システムからなり，これは有酸素性（エアロビック）および無酸素性（アネロビック）代謝の2つでおこなわれているとも言える。

　有酸素性とは酸素のある状況下あるいは酸素が必要とされる状況下で起こっている状態や過程のことを意味する。有酸素運動のエネルギー源は主として，食物から得られた炭水化物と脂肪であるが，運動強度が低く，時間が長くなると，脂肪がエネルギー源としてより重要になってくる。

　一方，無酸素性とは，酸素のない状況下，あるいは酸素が必要とされない状況下での状態や過程を意味する。そのため無酸素運動とは，ATP，CPと筋グリコーゲンをエネルギー源とした，通常「短時間の運動」を指している。具体的には，①投擲（砲丸投げ，ハンマー投げなど），重量挙げ，ゴルフのスイング，野球のバッティング，盗塁などの4〜5秒以内の全力運動，②100〜200mのスプリント走など10〜20秒前後の全力運動，③スピードスケートの500〜1000m，50〜100m競泳，400m走などの45〜90秒の全力運動である。このように無酸素運動はパフォーマンスの時間によって，エネルギー源が①はATPのみ，②はATP＋CP，③はATP＋CP＋筋グリコーゲンが主要となるので，3つに分けて捉えられている。その供給量の割合は，運動の時間条件によって異なっている。

　図2-3は一定時間の運動中になされた最大仕事量に対する4つのエネルギー供給システムの寄与率を示している。通常，エネルギー供給システムは3つで説明されることが多いが，酸化系については有酸素性代謝のもとで糖質と脂質の分解がおこなわれるため4つに区分した。その理由としておもなエネルギー供給システムが70% $\dot{V}O_2$ max以上の強度で4時間未満の持続運動は有

図2-3　一定時間の運動中になされた最大仕事量に対する4つのエネルギー供給システムの寄与率

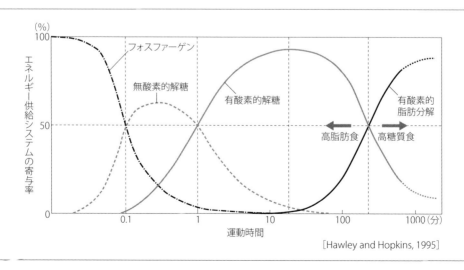

[Hawley and Hopkins, 1995]

酸素的解糖となり，より低強度で4時間以上の超長時間の持続運動は有酸素的脂肪分解になるためである。アスリートレベルにおける各エネルギー供給システムのクロスオーバーポイント（入れ替わるポイント）は，フォスファーゲンと無酸素的解糖が6秒，無酸素的解糖と有酸素的解糖が1分，そして有酸素的解糖と有酸素的脂肪分解は3〜5時間で生じると推定されている。しかし，これらのクロスオーバーポイントは，トレーニング，食事，運動中のエネルギー補給などによって変化する。特に有酸素的解糖と有酸素的脂肪分解のクロスオーバーポイントは，食事とトレーニングによって変動する。有酸素的解糖の曲線は高糖質食，高強度運動の適応として右へ，有酸素的脂肪分解の曲線は高脂肪食，低〜中強度の運動の適応として左へシフトすると考えられている。

表2-2は，ヒトの最大運動時のエネルギー供給システムの特徴とそれを高めるためのトレーニング手段を示したものである。陸上競技の短距離走やマラソンは，エネルギー供給システムから見ると両極端であり，非常にシンプルである。しかし，サッカー，ラグビー，フィールドホッケーなどのチームスポーツは，60分から90分までトップスピードに近いスピードを繰り返すため無酸素運動と有酸素運動が混在する。そのため多様な活動内容を考えるとマラソンのような持久力ではなく，最高スピードやパワーを繰り返し発揮する持久力が要求されるので，トレーニング手段も工夫する必要がある。

表2-3は各種スポーツ活動に占めるエネルギー供給システムの割合を推定値で示したもので

表2-2　ヒトの最大運動時のエネルギー供給システムの特徴とそれを高めるためのトレーニング手段

運動時間	代謝	おもなエネルギー供給システム 3区分	おもなエネルギー供給システム 4区分	おもなエネルギー源	トレーニングのねらいとその手段
6秒以下	無酸素性	ATP-CP	フォスファーゲン（=ATP-CP）	ATPとCP	爆発力の向上 ・スタートダッシュ ・最大スプリント（陸上競技：6秒以内，水泳競技：25m以内）：完全休息（3〜5分） ・筋力トレーニング（1RMの95%負荷で3〜5回を3セット）
30秒以下	無酸素性	解糖	フォスファーゲン 無酸素的解糖	ATPとCP 筋グリコーゲン	耐乳酸性能力の向上 ・ショートインターバル（30秒以内）：長い休息（3〜5分） ・筋力トレーニング（1RMの85%負荷で8〜10回を3セット）
15分以下		解糖	無酸素的解糖 有酸素的解糖	筋グリコーゲン 血中グルコース	最大有酸素パワーの向上 ・陸上競技：ロングインターバル（5〜10分）：短い休息（1分） ・水泳競技：ミドルインターバル（1〜5分）：短い休息（1分以内）
15〜60分	有酸素性	酸化	有酸素的解糖	筋グリコーゲン 血中グルコース	乳酸性作業閾値の向上 ・陸上競技：10kmレースペース（90% $\dot{V}O_2$ max） ・自転車競技：40kmレースペース（90% $\dot{V}O_2$ max） ・水泳競技：ロングインターバル（5分以上）：短い休息（1分以内）：ディスタンススイム
60〜90分	有酸素性	酸化	有酸素的解糖	筋グリコーゲン 血中グルコース 筋内の脂肪（トリグリセリド）	耐疲労性の向上 ・中〜高強度（70〜85% $\dot{V}O_2$ max）の持続運動 ※ランニングやサイクリングなど
90分以上	有酸素性	酸化	有酸素的解糖 有酸素的脂肪分解	筋グリコーゲン 血中グルコース 筋内外の脂肪（トリグリセリド）	持久力の向上 ・低〜中強度（50〜60% $\dot{V}O_2$ max）の長時間持続運動 ※ランニングやサイクリングなど

［Hawley and Burke, 1998に筆者加筆］

表2-3 各種スポーツ活動とその主要なエネルギー供給システムの割合

スポーツ活動	エネルギー供給システムの割合（%）		
	ATP-CP 解糖（無）	解糖（有） 酸化	酸化
ゴルフ	95	5	
レスリング	90	10	
フェンシング	90	10	
体操競技	90	10	
アメリカンフットボール	90	10	
バスケットボール	85	15	
バレーボール	85	10	5
野　球	80	20	
ソフトボール	80	20	
テニス	70	20	10
フィールドホッケー	60	20	20
ボート	20	30	50
レクリエーションスポーツ	5	5	90
アイスホッケー			
a. フォワード，ディフェンス	80	20	
b. ゴールキーパー	95	5	
ラクロス			
a. ゴーリー，ディフェンス，アタック	80	20	
b. ミッドフィールダー	60	20	20
スキー			
a. スラローム，ジャンプ，ダウンヒル	80	20	
b. クロスカントリー		5	95
サッカー			
a. ゴールキーパー，フォワード，ディフェンス	80	20	
b. ミッドフィールダー	60	20	20
水　泳			
a. 50m自由形	98	2	
b. 100m（すべての泳法）	80	15	5
c. 200m（すべての泳法）	30	65	5
d. 400m自由形	20	55	25
e. 1500m	10	20	70
陸上競技			
a. 100m，200m	95	5	
b. フィールド種目	98	2	
c. 400m	80	15	5
d. 800m	30	65	5
e. 1500m	15	55	30
f. 3000m	15	20	65
g. 5000m	10	20	70
h. 10000m	5	15	80
i. マラソン		2	98

※「無」とは無酸素的解糖，「有」とは有酸素的解糖を示す。

［Fox and Mathews, 1974］

ある。例えば，マラソン選手の場合を見てみると，主要なエネルギー供給システムの98％は酸化系から供給されている。この場合，トレーニング方法として30mのスタートダッシュや100mの全力疾走を繰り返しおこなってもATP-CP系からのエネルギー供給となり，マラソン選手のトレーニングとしては，まったく意味がないということになる。逆に陸上競技の短距離選手（100m，200m）が，2〜3時間のジョギングをおこなっても同様のことが言える。つまり，スポーツ活動におけるエネルギー供給システムの特性を理解し，さらに運動様式を考慮したトレーニングをおこなわなければならないのである。

3. エネルギー供給システムの回復過程

　運動後のエネルギーの回復過程を理解することは，トレーニングへの取り組み方，試合から次の試合への時間の過ごし方など，迅速で効果的な疲労回復をおこなううえで，非常に重要なことである。そこでATP-CP系，解糖系，酸化系からみたエネルギー供給システムの回復過程について述べる。

●──ATP-CP系における回復過程

　ATP-CP系におけるATPの再合成には，クレアチンリン酸が関与している。ATPとクレアチンリン酸はフォスファーゲン（phosphagen：燐源質）とも呼ばれ，その反応速度および回復時間は3つのエネルギー供給システムのなかで最も速い。

図2-4　筋中フォスファーゲンの回復率

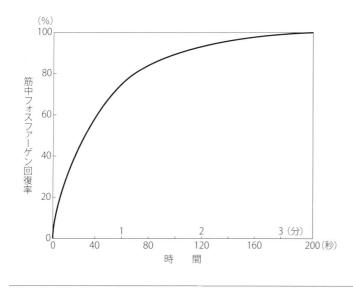

回復時間 （秒）	筋中フォスファー ゲン回復率（%）
30	50
60	75
90	87
120	93
150	97
180	98

[Fox, 1979]

図2-4は，10分間の最大下自転車エルゴメーター駆動後における筋中フォスファーゲンの回復率を表したものである。運動後30秒間で50％，2分間で93％，3分間ではほぼ完全回復していることがわかる。例えば，陸上競技の100mレースを思い出してほしい。フライングをした選手は，ゆっくりと歩いてスタート地点まで戻り，ふたたびスターティングブロックに足を掛けてスタート準備に入っている。この一連の緩やかな動作には，フライングによって一瞬で枯渇した筋内のフォスファーゲンを次のスタートまでに再合成する時間を得るというねらいがある。

●──解糖系における回復過程

　解糖系が動員されるようなスポーツ活動では，血液中に乳酸が産生される。産生された乳酸は，安静にしているよりも，軽い運動をおこなったほうが速やかに除去されることが広く知られている。図2-5は，静的休息と動的休息における血中乳酸の除去率を比較したものである。異なる日に疲労困憊まで運動をおこない，その後の回復過程において一方は静的休息として安静にし，もう一方は軽い運動（ウォーキングなど）による動的休息をおこなった。その結果，静的休息よりも動的休息のほうが，半分の時間で乳酸が除去された。

　同様に筆者は，日本のプロサッカー選手を対象に最大下運動での乳酸動態を明らかにした（**図2-6**）。選手らはトレッドミルにて1000mを3.25m/秒から4.25m/秒まで5つの異なる速度で走り，各速度間には1分間の休息を挟んだ。いったん，10分間の休息を挟み，ふたたび1000mを2.80m/秒と3.00m/秒の2回，3分間の休息を挟んで走った結果，一度増加した乳酸は，30分後には，ほぼ完全に安静レベルまで回復した。このように静的・動的休息をうまく活用して速やかに乳酸を除去することは，次の運動（試合）が控えている場合や翌日への回復方法として重要である。

図2-5　静的および動的休息における乳酸除去率の比較

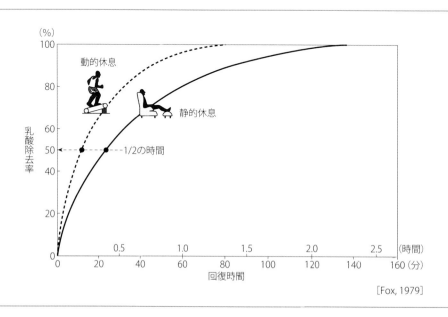

[Fox, 1979]

図2-6　最大下運動後の静的・動的休息が血中乳酸に与える影響

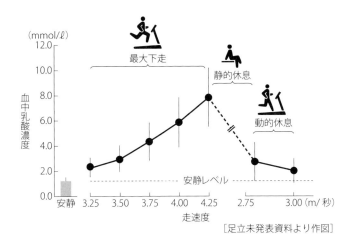

［足立未発表資料より作図］

●──酸化系における回復過程

　ヒトの身体活動におけるエネルギー供給システムの大半は酸化系である。つまり，主要なエネルギー源は，糖質と脂質ということになる。運動中の糖分解は，運動開始までの食事によるエネルギー貯蔵方法および運動強度や運動時間に依存している。エネルギー貯蔵方法として運動後のグリコーゲン（糖質）回復方法があり，特記すべき点は，食事を摂取するタイミングと摂取する内容物によって回復の度合いに違いが出るということである。運動後の食事は，できるだけ早く摂るほうが筋内により多くの糖質を貯蔵できる。

　Ivyら（1985）の研究によると，運動直後に食事を摂るほうが，運動2時間後に食事を摂るよりも筋グリコーゲンの合成量が3倍も多いことを報告している。つまり，運動後2時間以上経ってから食事を摂った場合，空腹は満たされても筋肉や肝臓といったエネルギー（糖質）を貯め込むタンクを満たすことはできない。普段のトレーニングにおいて，いかに早く食事を摂るかがエネルギー回復のカギとなる。トレーニング後,冗長なストレッチングや友達とのおしゃべり，シャワーにかける時間などであっという間に2時間は過ぎてしまう。もし運動後すぐに食事を摂ることができないときや通学時間が長い場合は，運動終了後に柑橘系のくだもの（クエン酸を含むもの：レモン，オレンジ，グレープフルーツなど）と糖質（炭水化物：おにぎり，バナナなど）をすばやく摂ることが大切である。

　図2-7は3日間連続して16km（80％ $\dot{V}O_2$ max）を走ったときの筋グリコーゲン量の状態を示したものである。トレーニング2日目では，消費された筋グリコーゲン量が食事によって比較的回復している。しかしながら，トレーニングが3日目になると食事を摂っても筋グリコーゲン量は回復せず，非常に低いレベルにある。Fox（1979）は筋グリコーゲンの回復には，およそ10～46時間が必要であると述べている。すなわち，連続してトレーニングをおこないたい場合は，筋グリコーゲンを消費するような高強度運動は2日間とし，3日目は休養を入れるかそれに代わる運動を入れることで，グリコーゲンの消費が抑えられるのである。

15

図2-7　連続3日間の16km走前後の筋グリコーゲン量の比較

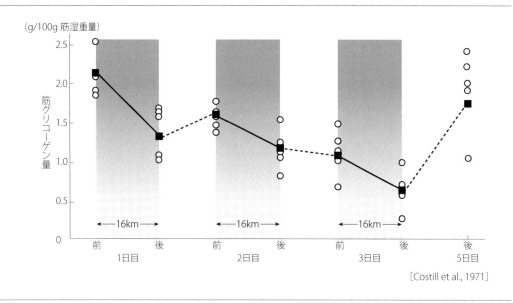

(g/100g 筋湿重量)

筋グリコーゲン量

←16km→　←16km→　←16km→

前　　後　　前　　後　　前　　後　　後
1日目　　　2日目　　　3日目　　　5日目

[Costill et al., 1971]

　ハンガーノック（hunger knock）という言葉を耳にしたことがあるだろうか。同じような意味で使われている用語として，"シャリバテ"とか，"Hitting the wall（壁に当たる）"という呼び方がある。長時間運動によって生じるエネルギー切れ現象のことであり，体内のグリコーゲンの枯渇からくる症状である。マラソンでは35km前後から，この症状が現れる場合もある。お腹が"グー"と鳴ってから食べ物を摂っても間に合わず，目の前がちらつくような状況になり，身体に力が入らず，足元がふらつく。このような状況に陥る前の対策としては，運動中に糖分を含む飲料や高炭水化物サプリメントなどを補給することである。

　また，運動開始までにできる対策の1つとして，食事によるエネルギー貯蔵法がある。これをカーボローディングあるいはグリコーゲンローディング，炭水化物ローディングと呼ぶ。これは高炭水化物食によって通常以上に体内に糖質を貯える食事法である。試合が日曜日にある場合は，1週間前から徐々に運動量を落とし，食事は水曜日まで通常食を摂る。木曜日（3日前）からは食事を高炭水化物食（糖質70%以上）に切り替えて，体内に糖質を貯える。

　ただし，日本人にとってカーボローディングが有効か否か，そしてどんなスポーツ活動においても有効な食事法なのかは疑問である。つまり，この食事法は海外での研究であり，対象者のバックグラウンドとして食習慣の違いがある。すなわち，普段の栄養摂取状況としてPFC比（protein：たんぱく質，fat：脂質，carbohydrate：糖質）に違いがみられるということである。**図2-8**は，日本とアメリカのPFC比を比較したものである。アメリカのPFC比が12.4%：41.8%：45.7%であるのに対して，日本のPFC比は12.9%：30.3%：56.7%であり，日本の炭水化物比率は6割近くと非常に高い。つまり，日本は主食として米飯（糖質）を摂っており，アメリカと比べると常に高炭水化物食であると言える。

　次にどんなスポーツでもカーボローディングが有効なのかということである。運動時間として90分間以上連続しておこなわれ，運動中に糖質を摂ることができない場合は，有効と考えたほ

図2-8　日本とアメリカにおけるPFC比の比較

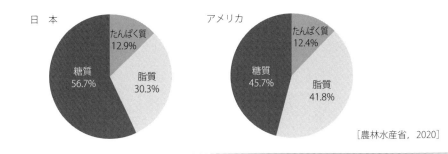

日　本
たんぱく質
12.9%
糖質
56.7%
脂質
30.3%

アメリカ
たんぱく質
12.4%
糖質
45.7%
脂質
41.8%

［農林水産省，2020］

うがよい。普段の生活のなかで好き嫌いなく食事ができているのであれば，あえておこなう食事法とは言えない。またカーボローディングは，言い方を換えるとウォーターローディングという考え方もできる。つまり，糖質を体内に貯えるためには，糖質1gに対して水2.7gが必要になる。そのため必然的に体重が増える。その増加量はおよそ1.5kgであり，カーボローディングが成功したかどうかは体重の増減で確認できる。

［文　献］

• Costill, D. L., Bowers, R., Branam, G. and Sparks, K. (1971) Muscle glycogen utilization during prolonged exercise on successive days. J Appl Physiol., 31(6): pp. 834-838.

• Fox, E. L. and Mathews, D. K. (1974) Examples of ITP's for sports training. In: Interval training: Conditioning for sports and general fitness. W. B. Saunders: p. 184.

• Fox, E. L. (1979) The recovery process. In: Sports physiology. W. B. Saunders: pp. 54-81.

• Hawley, J. A. and Hopkins, W. G. (1995) Aerobic glycolytic and aerobic lipolytic power systems: A new paradigm with implications for endurance and ultraendurance events. Sports Med., 19(4): pp. 240-250.

• Hawley, J. and Burke, L. (1998) Peak performance: Training and nutritional strategies for sport. Allen & Unwin.

• Ivy, J. L., Katz, A. L., Cutler, C. L., Sherman, W. M. and Coyle, E. F. (1985) Muscle glycogen synthesis after exercise: effect of time of carbohydrate ingestion. J Appl Physiol., 64(4): pp. 1480-1485.

• Margaria, R. (1967) Aerobic and anaerobic energy sources in muscular exercise. In: Exercise at altitude. Excerpta Medica: pp. 5-32.

• 農林水産省（2020）令和元年度食料需給表，https://www.maff.go.jp/j/zyukyu/fbs/attach/pdf/index-9.pdf（参照日 2020/9/15）

第3章

トレーニングの組み立てと科学的基礎

　スポーツや体力のトレーニング計画は，種々の原理・原則を理解し科学的に立案することで，より効果的に成果をあげることができる。

　競技力向上や健康・体力増進など，それぞれトレーニングの目的と目標を明確にし，その目標に対して，効率的にトレーニングを計画し，プログラムを作成することが重要である。本章では，トレーニングの原理と原則，科学的トレーニングの組み立て方について学ぶ。

1. トレーニングの原理と原則

　運動をおこなうと，それに関与する生体諸器官の活動水準は上昇する。筋温や体温が上昇したり，心臓の拍動数が増加したりするなどの反応がみられる。それゆえに，運動は生体にとってある種のストレスということになるが，定期的に運動やトレーニングをおこなうことによって，生体はその運動ストレスに対して徐々に適応できるようになっていく。

　トレーニングとその効果の関係については，実施する運動やトレーニングの内容，質や量によって効果が異なる。これらのことについては，これまでのスポーツ科学研究によって明らかにされてきている。

　競技スポーツのパフォーマンス向上や健康・体力向上を目的とするトレーニングをより効果的に進めていくためには，トレーニングの原理・原則に基づく合理的で科学的な計画が求められる。

●──トレーニングに関する3つの原理

　身体的トレーニングを合理的におこなうためには，運動あるいは運動の中止などによって生じる身体の普遍的変化を知る必要がある。運動に関する科学的研究は，次の3つの原理を明らかにしている。

したがってトレーニングは，これらの原理に基づいてプログラム化されなければならない。

■❶オーバーロードの原理

トレーニングによって体力を高めるためには，トレーニングで用いる3条件（強度・時間・頻度）が，ある一定水準以上のものでなければ十分な成果が期待できない。例えば，最大筋力をアップしたいのに50〜60回も持ち上げられる重さ（強度）では，最大筋力の増加は難しい。また，持久力向上をねらいとした場合，週1回の頻度でジョギングを実施しても呼吸循環器系の改善はみられない。

このように種々の体力要素を高めるためには，トレーニングの3条件に，それぞれ閾値（刺激によって反応が引き起こされる場合に，刺激の強さがある値に達しないと反応がみられない。このある値を閾値と言う）が存在し，そのポイント以上の負荷が必要とされる。例えば，全身持久力を高めるためのオーバーロードの原理は，強度で70% $\dot{V}O_2$ max，時間は5分以上，頻度は週3日以上となる。また，オーバーロードの3条件は，体力レベルが高い人ほど，その内容を高いレベルにしていかなければならない。

このオーバーロードの原理は「過負荷の原理」とも呼ばれている。この漢字の影響なのか，負荷のかけ過ぎ（オーバートレーニング）との間違いがあるので注意しなければならない。

■❷可逆性の原理

ウエイトトレーニングなどでつくり上げた筋力は，そのトレーニングを中止すると次第に元の状態に戻る。全身持久力もトレーニングの時間や頻度を減らしたり，トレーニングを中断したりすると，次第に以前のレベルより低下していく。

図3-1は，水泳選手に12カ月の筋力トレーニングを実施させ，5，6，12カ月後に等速性筋力

図3-1　水泳選手の12カ月間にわたる筋力トレーニングの結果

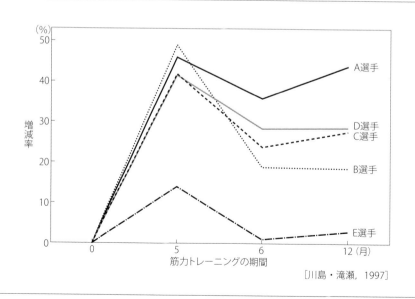

[川島・滝瀬，1997]

測定をおこない，その結果をトレーニング前からの増減率で示している。5カ月目に最終目標とする大会があり，被験者5名ともにトレーニング効果はピークに達したが，その後，約1カ月のトレーニングオフをとったところ，トレーニング効果が低下していくことを示している。

このように，一度獲得されたトレーニングの効果は，トレーニングの中断によって逆戻りしてしまう。これを可逆性の原理と言う。一般にトレーニング効果の消失スピードは，その期間が短いほど速い傾向にある。また，体力要素によってトレーニングの中断後の消失スピードは異なり，筋力や持久力は比較的早く，調整力に関した要素は比較的遅いと考えられている。

❸ 特異性の原理

トレーニングの効果は，トレーニングに用いた運動の種類や運動の形態によって異なって現れる。これを特異性の原理と言う。英語ではSAIDの原理と表されている。その略語はspecific adaptation imposed demandのことであり，「負荷された刺激によって身体は特別な適応を起こしていく」という意味である。

例えば，ゆっくり長く走ることを長時間続けると垂直跳びや反復横跳びの成績が低下していくことが中高年者や女性ランナーで示されている（**図3-2**）。

また，スポーツ選手の体力では，スポーツ種目によって体力特性がみられることや，筋力トレーニングによって最大筋力は高まるが，呼吸循環系の能力が改善されないことは特異性の原理の一例となろう。

図3-2　女性ランナーの体力テストスコアの変化

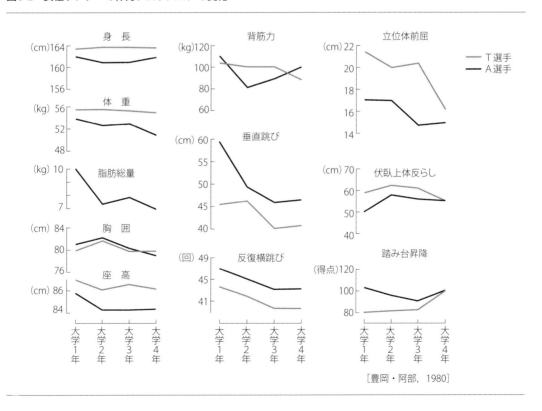

［豊岡・阿部，1980］

●──トレーニングの原則（基礎的規則）

1964年に開催されたオリンピック東京大会の数年前，我が国のスポーツ界は選手強化のために当時のスポーツ先進国（アメリカ・ドイツ・ソ連）から著名な科学者を招き，トレーニングの科学性，組織性などに関する話に耳を傾けた。そのなかで，ソ連のOzolinは，教育的立場からトレーニングをおこなう際の5原則を示し，我が国の多くのスポーツ関係者に共鳴を与えた。

それ以後現時に至るまで，このOzolinのトレーニングの原則は，スポーツ選手の体力づくりのみならず，一般人の健康づくりのためのトレーニングをおこなううえで常に念頭におくべき重要かつ基本的事項となっている。

■■■❶全面性の原則

スポーツの専門家の重要な基礎は，スポーツマンの高い道徳的ならびに文化的水準，強い意志，筋肉および運動に必要な諸条件（筋力，スピード，持久力など）のバランスのとれた発達，心臓，血管，呼吸器，その他の器官および組織の完全な働き，および運動を組織し調整する能力であるというのがOzolinの考え方である。

したがって，全面性の考え方は全人教育という立場からでていて，心身ともに優れた人間性をもって，初めて専門的なスポーツで成果を発揮するということである。

このことから，トレーニングは1つの種目ばかりおこなって，偏った身体をつくるのではなく，いわゆるオールラウンドな身体づくりが必要であり，それに加えて心身ともにバランスのとれた「人間づくり」がその大きな目的と言える。

■■■❷意識性の原則

競技スポーツでは，あの人は意識が高いという言葉を耳にするが，相対的に競技力の高い選手ほど，そのスポーツに対するトレーニングに意欲的に取り組んでいる姿が見られる。各人の目標に対して，トレーニングの目的・方法とその効果を理解し，常に向上心をもって取り組んでいるからである。

近年，トレーニング科学の進歩はさまざまなトレーニング方法を生み出している。しかし，トレーニングをおこなう側がその実施方法を誤るとトレーニングの効果を得られないばかりか，健康を損なうこともある。

したがって，それぞれのトレーニングとそれによって期待できる身体の変化を理解したうえで，どのような意図でトレーニングをしているのかを自覚しておこなわなければならない。他人の指示に盲従したり，目的をもたないまま身体を動かしたりするのはトレーニングにならない。またトレーニングをおこなわせる側も，そのトレーニングの意味や内容を十分理解させておこなわせるべきである。

■■■❸漸進性の原則

トレーニングをおこなって暫くすると，初めはきつく感じたものも次第に楽に感じるようになってくる。これはトレーニングに対する馴れやトレーニング効果が生じていることを示してい

図3-3　負荷漸増を考慮したトレーニング効果

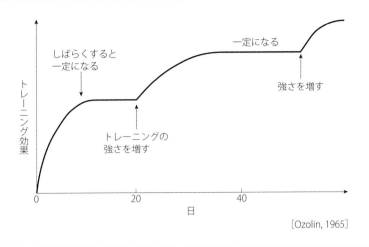

［Ozolin, 1965］

図3-4　トレーニング期間中に休養のタイミングを変えたときの作業能力

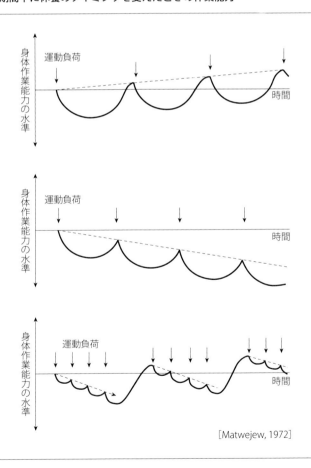

［Matwejew, 1972］

る。しかし，そのままのトレーニング条件（強度・時間・回数）を維持していれば，それ以上の効果は得られない。さらに高いトレーニング効果を期待するならばオーバーロードの原理にしたがって，ふたたびトレーニングの量や質を増加させなければならない（**図3-3**）。

■■**④反復性の原則**

トレーニングは必ず疲労を伴い，これが回復したときにトレーニング効果が起こる（超回復，**図3-4**上）。しかし，この疲労がとれない状態でトレーニングを繰り返すと，効果が得られないばかりか，健康を損ねることもある（オーバートレーニング，**図3-4**中）。逆に，必要以上に休みをとりすぎたり，トレーニング量が少なすぎたりすると，可逆性の原理から理解できるようにトレーニングの効果は得られない。

したがって，運動によって生じた身体の一時的変化がトレーニングとして定着するためには，十分な栄養と適度な休養をはさみながら，その運動が繰り返しおこなわれなければならない（**図3-4**下）。

■■**⑤個別性の原則**

人の顔，形態，声が1人ひとり違うように，体力もそれぞれすべてが異なる。トレーニングは個人の性，年齢，体力，健康，生活環境およびスポーツ歴などを十分に理解したうえで構成され，実施されなければならない。したがって，号令一下，集団の全員が一斉に同じ運動をおこなうといった光景は，トレーニングをおこなう場では見られないはずである。

大学の新入生を対象に，約3カ月間，ハーバード・ステップテストの集団トレーニングをおこなった実験では，もともと体力水準の低い学生にはこの集団トレーニングが十分な刺激となり，体力の向上がみられたが，逆に体力の高い学生には不十分なものであったことがわかった。

体力トレーニングでは，まず個人の体力水準を診断し，その個人に基づいた運動の種類，強度，時間，回数・頻度などを処方（運動処方）することが根幹である。

2. トレーニングの実際

●──トレーニングの組み立て

先述のように，トレーニングは，その対象者個々の目的や特徴を十分に考慮したうえで計画され実施されなければならない。スポーツ競技者と一般人では，トレーニングの種目や強度，時間，頻度などの内容は異なる。前者はスポーツトレーニング，後者には運動処方という名称を用いることがある。健康づくりを目的とした場合には，医師が患者の病気の種類，進行状態，年齢や体力などを考慮して薬の種類や分量，飲み方を処方することに例え，トレーナーが運動の種類や強度，時間（回数），頻度を組み立てることから「運動処方」と呼ばれている。

また，スポーツ競技者のトレーニングについて，猪飼らはスポーツ技能トレーニング（種目別）

図3-5　スポーツトレーニングの構造

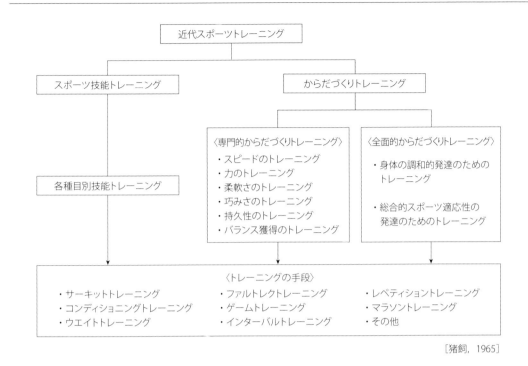

［猪飼，1965］

図3-6　トレーニングの流れの概要

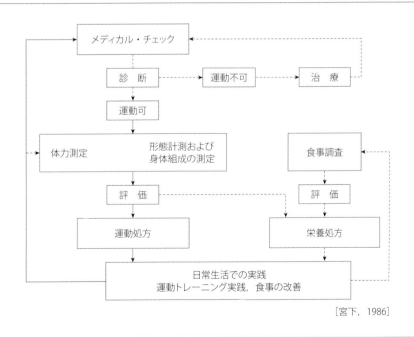

［宮下，1986］

と身体づくりのトレーニングに分け，さらに身体づくりを専門的と全面的身体づくりで構成している（**図3-5**）。

■①トレーニングの流れ

図3-6にトレーニング実施上の流れを示した。トレーニングが正しくおこなわれるためには，まず各人を知ることが重要である。すなわち，個人の健康状態，体力水準を調べ，その結果に基づいたトレーニング（運動処方）がおこなわれるべきである（個別性の原則）。このときに，トレーニングの強度はオーバーロードの原理に基づいて設定されなければならないし，種目は偏ったものにならないように考慮する（全面性の原則）。と同時に，各人のスポーツ種目の成績にできる限り結びつくものを選択するべきである（特異性の原理）。

このようなトレーニングは，各人が目的をもっておこない（意識性の原則），その効果が現れるように適度な栄養と休養を入れながら，繰り返しおこなわれるようにトレーニング頻度を決定しなければならない（可逆性の原理，反復性の原則）。

トレーニングの効果が現れると，それまでのトレーニングは日常生活のレベルになってしまう。さらに体力の向上を期待するならば，ここでふたたび各人の体力テストをおこない，トレーニングで用いる運動の強度を増加させなければならない（漸進性の原則）。

■②トレーニングの目的とプログラム作成の3条件

トレーニングプログラムの作成においては，トレーニングの目的と目標を明確にすることが重要である。どの時期に，どのようなトレーニングをどのくらいの期間おこなうか，また，どの体力要素を向上させるかなど，多方面から検討する必要がある。そのうえで運動の種類を決定し，トレーニングの強度，時間（回数），頻度の3条件を決定していく。この3条件はトレーニング

図3-7　トレーニングの安全限界と有効限界

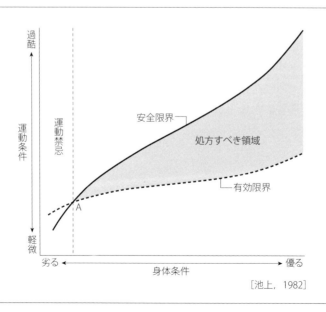

[池上，1982]

において，いずれも不可欠なものとなっている。

　一般人では，トレーニングの目的は健康増進や体力向上と思われるが，その場合，健康状態や体力のレベルに合わせたトレーニング強度を決定し，決して安全限界を超えることなく，有効なトレーニングをおこなうようにしなければならない（**図3-7**）。

　一方，スポーツ競技者では，競技大会のスケジュールなどを考慮しながら長期的なトレーニング計画の立案が必要となる。全面性を考えた総合的な体力トレーニングに加え，専門種目の技能を向上するための専門的な身体トレーニングを加えた内容で，競技レベルに見合ったトレーニングの3条件を決定していく必要がある。

3. ウォーミングアップとクーリングダウン

●──ウォーミングアップ

■①ウォーミングアップの目的

　多くのスポーツ選手は，トレーニングや試合の前にストレッチングや軽いジョギング，そして各自の専門種目の動きを取り入れて準備をしている。これらの運動により体温（筋温）が上昇することから，この一連の運動の流れをウォーミングアップ（身体を温める）と呼んでいる。ウォーミングアップの目的は次のようになる。

①パフォーマンスの向上，トレーニングの能率化

　身体の器官や機能は，安静状態から突然の最大下や最大運動に対して，即座に適応できない。あらかじめ呼吸循環器系や筋代謝に負荷を与えて適応レベルを高めておくと，スムーズに効果的に運動に取り組むことが可能となる。その結果がパフォーマンスの向上につながる。

②メンタル（心理）面の準備

　ストレッチングやジョギングを実施しながら，自分のコンディショニングに注意を払い，これからの試合に対する集中力を高めていく。また，ウォーミングアップ場で対戦相手やチームを見ながら，「燃えていく」ことも大事な要素である。

③障害の予防

　ウォーミングアップをおこなわずに強度の高い全力運動に入ると，筋や腱を傷めたり，関節障害を起こしたりすることにつながる。それぞれのスポーツ種目において，よく使う筋・腱をストレッチングして柔軟性と弾性を強めたり，ジョギングなどで体温を上昇させたりしておくことは障害予防のうえで重要である。

■②ウォーミングアップの生理的効果

①神経機能の反応，筋収縮スピードの上昇

　ウォーミングアップによる反応時間の変化についての研究によると，ウォーミングアップの後，

反応時間の短縮傾向がみられている。

②代謝の亢進と酸素利用効率のアップ

体温（筋温）の上昇により，呼吸が楽になる。

③柔軟性の増加

ジョギングやストレッチングを組み合わせたウォーミングアップにより，関節可動域の増大，拮抗筋の緊張低下を導き，柔軟性が高まる。ウォーミングアップの経過時間による前屈の変化をみると，どの体力レベルの人も柔軟性が高まり，アップ終了後も比較的高いレベルを保っている。

また，柔軟性とともにパワーの増大や筋力がピークに達する時間の短縮が起こる。

④呼吸循環系の応答促進

例えば，1500m競走に参加する場合，ウォーミングアップなしでは，最大酸素摂取量に達するのに3分以上要するが，十分なウォーミングアップをすると，2分以内でそのレベルに達する。

最大下運動では，ウォーミングアップにより強度に見合った心拍数，酸素摂取量のレベルに，より早く到達する。

■3 ウォーミングアップの方法

ウォーミングアップは，次のようにおこなわれる。

1) ウォーミングアップは生理学的には，体温，筋温を上昇させるためにおこなうものであり，発汗がそのよい指標になる。
2) 身体全体をウォーミングアップすることは，局所を温めるより効果的である。
3) ウォーミングアップには，ストレッチングやリラクゼーションのエクササイズを含める。
4) ウォーミングアップのタイプと量（時間），回数は，その選手個人の競技種目によって決める。
5) 最も効果的なウォーミングアップは活動的なものであり，選手の競技種目に関連性をもたせたものである。

〈例〉長距離ランナーのレース前アップ

1) ストレッチング　10〜15分
2) ジョギング　15〜20分（後半少しスピードアップ）
3) 快調走　70〜100m×4〜5本
4) さらに，レースペースで400mを走ることもある。

　　＊ウォーミングアップの効果は，呼吸循環系に対しその消失は早く（5〜10分），筋温や中枢神経系は30分以上も効果が持続している。それゆえ，ウォーミングアップ後，レースのスタートまで30分以上もある場合は，効果維持のためにストレッチングや軽いジョギング，体操を時々組み入れてレースを待つようにする。

●──クーリングダウン

■1 クーリングダウンの目的

クーリングダウンはウォーキングや軽いジョギング，ストレッチングなどを入れておこなわれるが，その主目的は，レース前のコンディションにできるだけ早く身体を戻すことである。種々の研究成果は次のような効果と方法を示している。

①めまい，失神の防止

　低強度の運動は，下肢に貯留した血液を心臓へ還流させ，正常な血液循環を促進させる。運動後は急に止まったりせず，軽く動く。体力レベルの低い人ほど，めまい，失神を起こしやすい。

②過換気の防止

　激運動後に10分間立位の状態と分速66mでウォーキングした場合の呼気中のCO_2濃度を比較すると，運動後にウォーキングしたほうが呼気中のCO_2濃度が抑制され，過換気を防止している。

③血中乳酸除去の促進

　30秒〜5分間にわたり，ほぼ全力を傾けるスポーツ種目では，著しく血中乳酸濃度が増加する。蓄積した乳酸は，血中に拡散されて，骨格筋，心筋，肝臓などで代謝される。血液中への拡散は，筋への血液量が多いほど促進される。安静に比べ，ウォーキングやジョギングすることは筋への血流を高めるので，乳酸除去に大きく貢献している。

　乳酸除去スピードが高まる至適運動強度は，$30 \sim 60\%$ $\dot{V}O_2$ max付近にあると考えられている。具体的には，30% $\dot{V}O_2$ maxはかなりゆっくりとしたウォーキング，$50 \sim 60\%$ $\dot{V}O_2$ maxは人と話せる余裕あるジョギングである。時間的には，約$10 \sim 20$分の持続で徐々に血中乳酸濃度は安静に近づく。

④筋障害，筋肉痛の抑制

　激しい運動により筋は硬直し，弾性の低下や筋肉痛などが生じることもある。ストレッチングは筋の緊張を解きほぐし，短縮した筋の長さの修正に役立ち，筋肉痛を抑制する効果が期待される。

■■2 クーリングダウンの方法

　クーリングダウンには，種々の生理学的効果が認められているので，トレーニングや試合後は必ず実施したい。この方法については，すでに具体例を述べてきているが，その内容と進め方は次のようになる。

1) ゆっくりとしたウォーキングやジョギングを交えて$10 \sim 20$分
2) 関節の屈伸を中心とした体操
3) ストレッチング

［文　献］
• 藤原勝夫・外山寛（1992）身体活動と体力トレーニング．日本出版サービス：p. 78.
• 猪飼道夫・松井秀治（1965）スポーツ・トレーニング概論．猪飼道夫・浅川正一・石河利寛・松井秀治，近代トレーニング—その原理と方法および学校体育への応用—．大修館書店：pp. 11-32.
• 池上晴夫（1982）運動処方の考え方，運動処方—理論と実際—．朝倉書店：pp. 135-141.
• 川島康弘・滝瀬定文（1997）短距離自由形選手の筋力発揮特性について．大阪体育大学紀要，28：pp. 19-25.
• Matwejew, L. P. (1972) Periodisierung des sportlichen trainings. Bartels & Wernitz.
• 宮下充正（1986）体力診断システムの理論と実際，一般人・スポーツ選手のための体力診断システム．ソニー企業：p. 125.
• Ozolin, N. G. (1965) ソビエトのスポーツトレーニング方式．東京オリンピックスポーツ科学研究所報告．
• 豊岡示朗・阿部しのぶ（1980）女子マラソンランナーの生理学的プロフィール．大阪体育大学紀要，12：pp. 29-35.

第4章

柔軟性アップのメカニズムと
トレーニング法

1. 柔軟性の理解

　柔軟性とは，関節（または関節群）の可動域の大きさのことである。関節可動域は，骨，関節包，靱帯などの構造的要素と，筋肉，腱などの機能的要素により決定される。また，柔軟性はいわゆる身体の柔らかさの指標となる静的柔軟性と，動作の滑らかさやスムーズさの指標となる動的柔軟性に分類することができる。実際の競技場面において高いパフォーマンスを発揮するためには，この両方の柔軟性が重要となる。

　柔軟性を高めるためには，ほとんど変えることができない構造的要素（骨，関節包，靱帯等）よりも，筋と筋膜に主眼を置いたトレーニングを実施すべきである。**図4-1**のように，筋の構造をみると「筋線維と呼ばれる数千個の小さな円筒状の細胞から成り立っている。この筋線維のなかには，筋原線維と呼ばれる何万もの細かな線維がある。この筋原線維によって，筋は収縮，弛緩，伸張することができる。おのおのの筋原線維は筋節と呼ばれる数百万の帯状の構造からできており，その筋節は筋フィラメントと呼ばれる重なり合った太いフィラメントと細いフィラメントからなっている。フィラメントは，おもにアクチンとミオシンと呼ばれる収縮性のあるたんぱく質でできている。筋と筋膜は多くの弾性組織を含んでいるため，筋と筋膜を柔軟性トレーニングの主要な対象にすべきなのである」（ウォーカー，2009）。

　また，柔軟性の向上を目的に効率よく安全にトレーニングをおこなうために，以下の筋の働きについて理解しておく必要がある。

［伸張性反射］

　筋の中にある筋紡錘という感覚器官の働きによって，急激にあるいは大きく筋の長さが伸張されると，感覚神経が興奮して脊髄に信号を送り，安全のため，反射的に筋肉を収縮させる生理的作用がある。これを伸張性反射と呼ぶ。

図4-1　筋原線維，筋節，筋フィラメントを含めた筋線維の断面図

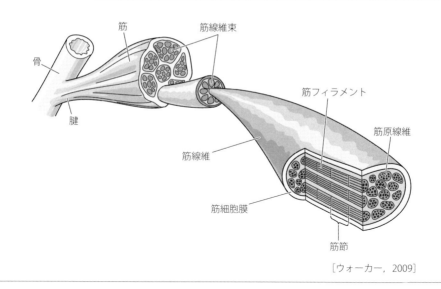

[ウォーカー，2009]

[自己抑制]

　ゴルジ腱器官は筋腱接合部付近に存在する機械的受容器で，筋の張力変化に反応する。刺激が加わると，ゴルジ腱器官は筋を反射的に弛緩させる。張力が増加している筋で起こる弛緩を，自己抑制と呼ぶ。

[相反性神経支配]

　筋はほとんどの場合，主働筋と拮抗筋のセットで動く。相反性神経支配とは，主働筋が収縮するときには拮抗筋をリラックスさせて，主働筋がスムーズに動作できるようにするための神経支配のことである。

2.　ストレッチングの効果

　ストレッチングは，筋と腱の柔軟性を向上・維持させるための代表的な方法である。誰でも手軽に実施することが可能であり，エクササイズ前のウォーミングアップや，エクササイズ後のクーリングダウンとして広く実施されている。

　ストレッチングは，1975年にボブ・アンダーソンが「STRETCHING」という図解入りの本を出版してから米国で広く普及した。我が国においては1980年代になってから紹介され，一般的におこなわれるようになった。一般的なストレッチング（スタティックストレッチング）では，反動をつけずにゆっくりと筋肉や腱を伸ばしていくため，伸張反射（筋肉が急速に伸張されると逆に収縮しようとする性質）による筋肉や腱損傷の危険性が少なく，効果的に全身の筋肉や腱の柔軟性を向上させることができる。

[ストレッチングによって期待できる具体的な効果]
○関節可動域（柔軟性）の維持向上
○障害予防
○疲労回復の促進
○筋力の維持向上
○セルフコンディショニング
○リラクゼーション

3. ストレッチングの種類

■①スタティックストレッチング（静的）

　目的とする筋肉を，反動や勢いをつけずに痛みのない範囲で15〜30秒間ゆっくりと伸ばしていき，可動域まで伸展したら，その姿勢を維持する。ゆっくりと息を吐きながら動作を開始し，息を止めずに自然な呼吸を心がける。このストレッチングは，ゆっくりと実施するため伸張反射が起きにくく，筋や腱を損傷する危険性が低い。また実施前に軽いジョギング等で筋温を上げることで，より効果が上がる。安全かつ簡単に取り組むことができるため，一般的に普及している方法である。

　最近では，主運動前のウォーミングアップとしてスタティックストレッチングを過度に実施すると，瞬発力等が低下するとの研究報告あり，ウォーミングアップにおいてはダイナミックストレッチングの準備段階として位置づけ，実施時間は短時間（15秒以下）に留めることが望ましいと言える。また，主運動後のクーリングダウンにおいては，その特性発揮が期待できるため積極的に取り入れるべきである。

■②ダイナミックストレッチング（動的）

　相反性神経支配を利用して，軽く勢いをつけながらリズミカルな動きや移動を伴っておこなうストレッチング方法である。個々の筋ではなく，その競技活動に必要とされる動作を意識しながら実施する機能的な方法である。短時間で筋温が上昇し，同時に神経系の活動も利用するため，動作の円滑化を促進し，関節可動域を拡大させるなど，運動に対する身体の適応性を効率的に高めることがきる。

　以上の特性からウォーミングアップとして実施することが効果的である。また，ダイナミックストレッチングは，バリスティックストレッチング※のような反動を利用せず，コントロールされた動作の範囲で実施されるため安全性も高い。

　※バリスティックストレッチング：反動を利用してすばやく筋肉を伸展させるストレッチング法である。伸張反射を起こしやすく強制的に筋が引き伸ばされるため，筋の損傷を起こしやすい。

❸PNFストレッチング

　PNF（固有受容性神経筋促通法）の手法を用いたストレッチングは，目的とする筋群の伸張・収縮の両方を含んだ高度な柔軟性トレーニングと言える。もともとはリハビリテーションの一形態として開発され，その用途において高い効果が認められている。筋肉や腱に適正な刺激を与えることで神経・筋肉の反応を促進し，関節可動域を広げ筋肉の機能を高める方法である（**図4-2**）。短時間で高い効果が期待できるが，実施者の十分な知識と熟練が必要となる。

　PNFストレッチングのテクニックには，以下の3つの基本タイプがある。

○ホールドリラックス（HR）

○コントラクトリラックス（CR）

○コントラクトリラックスwithアゴニストコントラクト（CRAC）

図4-2　ハムストリングの
　　　　PNFストレッチングの例

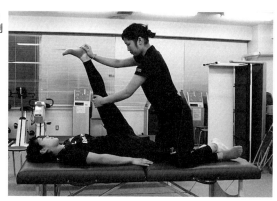

❹パートナーストレッチング

　パートナーに補助をしてもらい，2人組で実施するストレッチング方法である。筋肉を伸展させる際に他の部位に力を入れておこなう必要がないため，1人で実施する方法よりもよりリラックスできるのがパートナーストレッチングの特徴と言える。また1人では伸展するのが難しい部位でも，この方法によって効果が得られる。補助者が無理な力を加えると筋や関節を損傷する危険性があるため，相手の反応を確認しながら，徐々に力を加えていくことが重要である。

4. ストレッチングの実際

❶スタティックストレッチング(静的)

［特　徴］反動をつけずに痛みの起きない範囲でゆっくりと実施する。安全性が高い。

［注意点］効果が感じられるポイントで姿勢を保ち，15〜30秒間ストレッチングする。その際呼吸は止めずに自然呼吸をおこなう。

①頸部（僧帽筋 他）

頭の後ろで手を組み，ゆっくり首を前に倒す。

②頸部（僧帽筋 他）

片手を側頭部に当てて，ゆっくり真横に倒す。

③頸部（僧帽筋 他）

片腕の肘を軽く曲げて背中に回し，もう片方の手で頭を斜め前に押し下げる。

④肩・胸（大胸筋・三角筋）

身体の後ろで手を組み，上半身を倒さずに腕のみを上方へ上げる。

⑤体側（広背筋）

頭上に手を伸ばし，片手でもう一方の手首を持ったまま身体を横に倒す。

⑥上腕部（上腕三頭筋）

頭の後ろで肘をつかみ，肘を押し下げるように伸ばす。

⑦背中（菱形筋・僧帽筋下部）

両手・両膝をつけ，背中を丸めるようにして伸ばす。

⑧背中（菱形筋・僧帽筋下部）

肘を伸ばして両手を組み，肩甲骨を開くように背中を丸めて肩を出す。

⑨背中・腰（脊柱起立筋・広背筋）

仰向けになって膝を抱え，身体を小さく丸めるようにして伸ばす。

⑩腰（外腹斜筋・内腹斜筋）

仰向けに寝た状態から片方の膝を曲げて腰全体を捻る。

⑪殿部（大殿筋）

仰向けに寝た姿勢から片脚の膝が胸につくぐらい引き寄せる。

⑫大腿部（内転筋 他）

両足裏をつけて背中を丸めずに前屈する。

⑬大腿部（内転筋）

足幅を広くとり，上体を倒さずに腰を落とす。

⑭大腿部（大腿四頭筋・腸腰筋）

片膝をつき，もう一方の脚は後方へ伸ばす。上体を倒さずに重心を真下に落とす。足首を持って膝を曲げるとより大きく伸びる。

⑮大腿部（大腿四頭筋）

片方の膝を曲げて座り，ゆっくりと上体を後ろへ倒す。横向きに寝た姿勢から，片方の膝を曲げてつま先を持って尻に近づける。

⑯大腿部（ハムストリングス）

片脚を上げて，膝を曲げずにゆっくりと引き寄せる。

⑰大腿部（ハムストリングス）

片脚は伸ばし，もう一方は膝を曲げた姿勢からゆっくりと前屈する。

⑱下腿（ヒラメ筋 他）

片足を前に出し，太腿の上に体重をかける。

■■■❷ダイナミックストレッチング(動的)

［特　徴］相反性神経支配を利用したストレッチングで，リズミカルに関節を曲げ伸ばしする運動をおこなう。神経系の活動も活発になるため，ウォーミングアップに取り入れられることが多い。

［注意点］反動的な動作にならないよう気をつける。呼吸は止めないで，収縮時に吐くようにする。収縮させる筋群を意識する。各動作10回程度繰り返す。

①股関節の伸展屈曲

壁やパートナーの肩を持って安定したポジションからスタートし，大きな動作で股関節の屈曲伸展をリズミカルに繰り返す。

②股関節の内転外転

骨盤を固定させて，足を左右に振り出して股関節を内転外転する。

③股関節の内旋外旋

股関節の内旋外旋を繰り返す。内旋外旋ともに大きく回すことを意識する。

④体幹の回旋

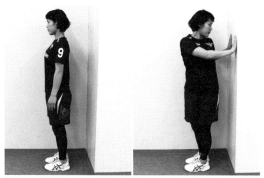

足は肩幅程度に開いて壁に背を向けて立つ。体幹を回旋させて壁に両手をつける。

⑤体幹の側屈

足は肩幅程度開いて立つ。骨盤を固定した状態で体幹を側屈させる。

⑥頸部の回旋

顎を引いた状態で，首を回旋させる。

⑦頸部の前屈後屈

肩の位置を固定したまま頭を前後に動かす。

⑧肩甲骨の内転外転

両腕を前方へ伸ばした姿勢から肩甲骨を内転外転させる。

⑨肩の回旋（外転・内外旋）

肘を曲げて指先を肩につけたまま，大きく肘で円を描くように肩を回す。

⑩肩の内転外転

肘を曲げて高く上げた姿勢から，両肘をつけるように閉じる。開閉の際には肩甲骨を引き寄せること・開くことを意識する。

⑪肩の交互回旋

両肘を曲げて，左右交互に手を上下させ肩を回旋させる。

⑫肩の内転外転

腕を肩の高さまで上げて，肘を伸ばして水平に動かす。

■■❸パートナーストレッチング

[特　徴] パートナーストレッチングではセルフストレッチングと比べて，関節をより大きく動かすことができるため1人では伸ばしにくい筋肉を伸ばすことが可能である。

[注意点] 強すぎる負荷をかけたり，反動をつけたりしない。ストレッチングされる側の反応を見ながら実施する。

①肩周囲（大胸筋・広背筋 他）

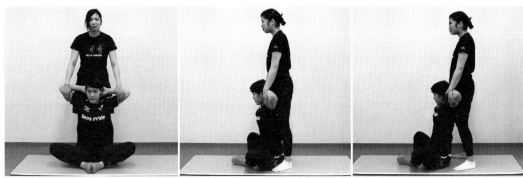

背筋を伸ばして座り両手を頭の後ろで組む。パートナーは上半身を後方に引くようにゆっくりと伸ばす。

②肩周囲（大胸筋・上腕三頭筋 他）

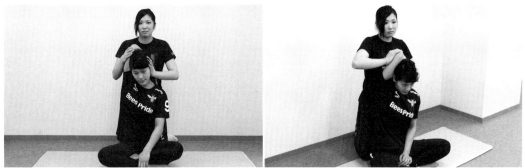

片方の腕を曲げて上に上げ，手のひらを反対側の肩甲骨付近に当てておく。パートナーは肘と頭を手で押さえながら，肘をゆっくり反対側に押す。

③上腕と体幹（腹斜筋・広背筋 他）

開脚姿勢から上体を起こして片手を頭上にもっていく。パートナーは骨盤の辺りと肘に手を当てて，体側を大きく伸ばす。

④腰部と背部（脊柱起立筋 他）

膝を立てた状態で，軽く開脚し上体を前傾させる。パートナーは背中の上部に両手を当てて，ゆっくりと斜め前方に押す。

⑤腰部（腹斜筋・殿筋群）

仰向けになり片膝を90度曲げ，反対側に交差して倒した姿勢をとる。パートナーは肩と曲げた膝を押さえながら，肩と膝を引き離すように伸ばす。

⑥大腿後面（ハムストリングス）

仰向けに寝て，膝を伸ばしたまま上に上げる。パートナーは片手を膝，もう一方の手を踵付近に添えて，ゆっくり脚を前方へ押す。

⑦股関節（腸腰筋・大殿筋）

仰向けに寝て片膝を深く曲げる。パートナーは曲げている膝に手を当て，前後に引き離すように伸ばす。

⑧股関節（腸腰筋）

うつ伏せの姿勢をとる。パートナーは尻を押しつけながら，膝を真上にゆっくり持ち上げる。

［文　献］
• ウォーカー：栗山節郎監訳（2009）生理学と柔軟性，ストレッチングと筋の解剖．南江堂：pp. 2-4.

第5章

筋力・筋持久力アップのメカニズムとトレーニング法

1. 筋収縮の型

　筋収縮には，基本的に4つの型がある。

①等尺性収縮（isometoric contraction）

　筋の長さを一定に保った状態で張力を発揮する様式であり，握力や背筋力を測定する場合の筋収縮状態がこれにあたる。腕相撲やレスリングなどでお互いに力がつり合った状態が，この筋収縮様式になる。

②短縮性収縮（concentric contraction）

　筋が短くなりながら張力を発揮する様式であり，肘関節であれば，物を持ち上げるときの関節角度が小さくなる方向での上腕二頭筋（力こぶの所）がこの状態になる。関節角度によって張力は変化する。

③伸張性収縮（eccentric contraction）

　筋が引き伸ばされながら張力を発揮する様式であり，肘関節で言えば，物を下ろす場合の関節角度が大きくなる方向での上腕二頭筋がこの状態になる。

　短縮性収縮と伸張性収縮とを合わせて等張性収縮（isotonic contraction）と言う（**図5-1**）。最大筋力を肘関節で比較すると，伸張性収縮，等尺性収縮，短縮性収縮の順に大きな筋力を発揮することが一般的に言われている。これらの特徴を理解したうえで，筋力づくりをおこなうと，さらに効果が上がるものと考えられる。

④等速性収縮（isokinetic contraction）

　筋が一定の速度を保ちながら最大の張力を発揮する様式である。バイオデックス（筋機能評価運動装置）などの機器を用いて測定，トレーニングされる。この収縮には，関節角度が変化するなかで，常に最大筋力が発揮されるという特徴がある。スポーツの場合，ある速度で最大筋力が

どれくらい発揮されるかということが重要となる。実際のスポーツ場面を考えると，この等速性筋力のトレーニングを組み込むことが競技力向上に欠かせないものと言える。

2. 筋力増強のメカニズム

　筋力が高まるメカニズムは，①短期的には，脳─神経系の作用が高まり，出力発揮に参加する筋線維数が増加する，②長期的な効果として，筋線維の肥大による増大である。また③筋線維数が増えることが最近の研究でも報告されている（**図5-2**）。

　筋力トレーニングが，筋肥大や筋力の増強という長期的な適応を引き起こすまでには，いろいろな過程が考えられる。1回のトレーニングが身体に与える急性の効果をみると，大きな力学的

図5-1　筋収縮の三様式

(a)等尺性収縮（アイソメトリック収縮）

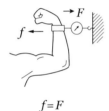

$$f = F$$

(b)短縮性収縮（コンセントリック収縮）

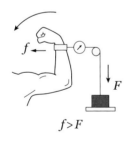

$$f > F$$

(c)伸張性収縮（エキセントリック収縮）

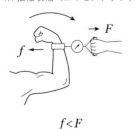

$$f < F$$

〔金子，1988〕

図5-2　筋力トレーニング効果の経過

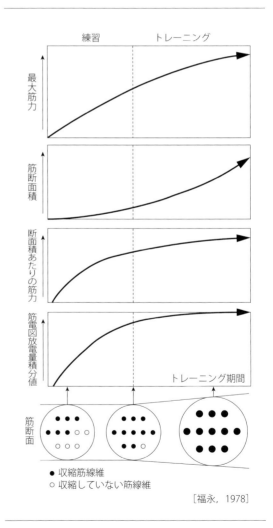

〔福永，1978〕

図5-3　トレーニングによる筋肥大にかかわる要素

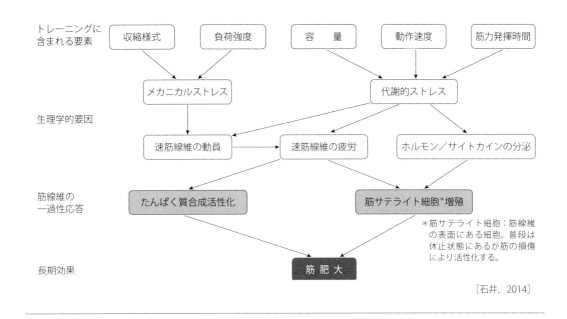

トレーニングに含まれる要素
- 収縮様式
- 負荷強度
- 容量
- 動作速度
- 筋力発揮時間

生理学的要因
- メカニカルストレス
- 代謝的ストレス
- 速筋線維の動員
- 速筋線維の疲労
- ホルモン／サイトカインの分泌

筋線維の一過性応答
- たんぱく質合成活性化
- 筋サテライト細胞*増殖

＊筋サテライト細胞：筋線維の表面にある細胞。普段は休止状態にあるが筋の損傷により活性化する。

長期効果
- 筋肥大

[石井，2014]

負荷をかけ，筋が大きな収縮力を発揮し，神経系，内分泌系，循環系，代謝系などの活性が変化し，肥大していくことになる（**図5-3**）。

3. 筋力トレーニングをおこなう場合の原理・原則の考え方

①オーバーロードの原理

　筋力トレーニングでは，負荷の設定が重要となってくる。オーバーロードの原理に則して，より大きな筋収縮が生じるような条件を設定し，1回あたりの筋収縮エネルギーを大きくする必要がある。一般的には，最大筋力の60％以上の負荷でおこなえば，筋力は向上すると言われている。

②運動形態に着目した特異性の原理

　目標とする運動に参加する筋群を実際の運動に近い形でトレーニングすることが重要である。すなわち，その筋群が使われるときの関節角度や収縮の様式などを考慮するということである。例えば，胸を鍛えるためのトレーニングとしては，ベンチプレスが代表的であるが，テニス種目を考えた場合，横方向への運動のダンベルフライをおこなうと，ストローク動作に近い形で，より効果的に胸（大胸筋）を鍛えることができる。

③漸進性の原則

　筋力の増大にともない，最初の負荷が過負荷ではなくなってくるので，負荷を定期的に増大させていくことが重要である。例えば，最初の負荷で最大反復回数が8回から12回に増加したとしたら，最大反復回数が8回程度になるように，負荷をアップするということである。

④運動配列の原則

　大筋群を小筋群より先におこなうようにすることが重要である。この基本的な考え方としては，疲労が蓄積していないうちに，最も重要な部分のトレーニングをおこなうということである。小筋群は疲労しやすく，その結果，主たる大筋群を使う種目に影響が及ぶことになる。例えば，胸を鍛えるベンチプレスをおこなう前に手首を鍛えるリストカールをおこなうと，すでに前腕部の筋が疲労してしまっており，ベンチプレスをおこなうときに本来の重量の挙上ができなくなるといったことである。また，同じ筋群が連続しないように種目配列も大切である。

4. アイソメトリックトレーニング

　アイソメトリックトレーニングとは，等尺性収縮を利用し，固定されて動かない抵抗に対して筋力を発揮しておこなうトレーニングである。ドイツのヘッティンガーとミュラーにより考案されたものである。

●──アイソメトリックトレーニングの条件

■■1 強　度

　図5-4は，筋力トレーニングの強度と筋力増加量との関係を表したものである。図の中に，無

図5-4　アイソメトリックトレーニングの筋力と強度との関係

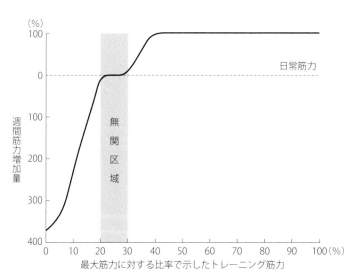

週間筋力増加量：最大可能なトレーニング効果を100%とするとき。

[ヘッティンガー, 1970]

関区域というトレーニングの範囲が示されており，最大筋力の20～30％の範囲である。日常発揮している筋力はこのレベルであり，筋力の維持程度の強度となる。20％以下の強度では，筋力は低下する。40％以上の強度では，効果的に筋力は向上することを表している。ただ，60％，80％の強度の選定が，個人的には非常に難しいので，スポーツ選手の場合，一般的には全力（100％：最大筋力）でおこなうようにするのが望ましい。

■■2 持続時間

表5-1は，トレーニング負荷強度と持続時間との関係性を表している。それぞれの負荷強度に対して適切な持続時間を組むことが必要である。最大筋力でおこなう場合は，6～10秒が適正時間となる。

表5-1　アイソメトリックトレーニングにおける強度と運動時間（筋収縮持続時間）の関係

運動強度 （最大筋力に対する％）	運動時間（収縮持続時間，秒）	
	最低限度	適正限度
40～50	15～20	45～60
60～70	6～10	18～30
80～90	4～6	12～18
100	2～3	6～10

［ヘッティンガー , 1970］

■■3 頻　度

図5-5は，筋力トレーニングの頻度条件を表している。最大効果の現れる最少セット数は，約20回である。よって，1日おきのトレーニング頻度（3～4日/週）として，1日5セットおこなうことが望ましいということである。

図5-5　アイソメトリックトレーニングにおける筋力と頻度との関係

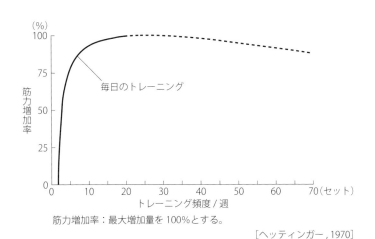

筋力増加率：最大増加量を100％とする。

［ヘッティンガー , 1970］

■■■④関節角度の特異性

図5-6は，肘関節を170度にして屈曲のアイソメトリックトレーニング（6秒間の最大収縮を3回）をおこなったときの筋力増加量の結果を示したものである。アイソメトリックトレーニングによる筋力の増強は，それを実施したときの関節角度において，最も効果が現れることを示している。

■■■⑤用　具

運動は，アイソメトリックラックなどを用いておこなわれる。高さは，横のピンを取り外して調節することでいろいろと変化できるのが特徴である（**図5-7**）。また，タオルなどを利用し，1人やパートナーでおこなう方法もある。

図5-6　アイソメトリックトレーニングと関節角度の特異性

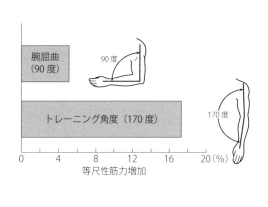

[Fox, 1979]

図5-7　アイソメトリックラック

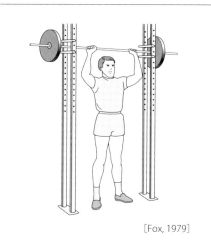

[Fox, 1979]

●──メリットとデメリット

①メリット
○短時間に，簡単にトレーニングができる。
○用具がなくても，どこでもトレーニングができる。
○エネルギーの消耗などが少ないので，疲労が少なくてすむ。
○けが後のリハビリテーションとしても，また，中高年者，女性などにも適している。安全性が高い。
②デメリット
○動きや持久力などを高めるトレーニングなどには，不向きである。
○運動が単調で飽きがきやすい。
○怒責の状態が長く続きやすい。
○関節角度に特異性があるので，トレーニングの状態をしっかりと把握しないといけない。

5. アイソメトリックトレーニングの実際

■①1人でおこなうトレーニング

[**特　徴**] 関節を動かさず，自分の意志で最大限に収縮している状態をつくるようにする。トレーニングしている筋肉群に意識を集中しておくことが重要である。

[**注意点**] トレーニング中は，呼吸は止めないようにする（血圧が上昇することを防ぐため）。

①胸

胸の前で両手のひらを合わせ，そのまましっかりと押し合う。

②広背筋

胸の前で両手を組み，肩甲骨を寄せるようなイメージで両腕を外側に向け，思いっきり引き合う。

③腕

片方の腕で拳を作り，腕を曲げ，もう片方の腕の手のひらで押さえつけるようにする。

④大腿部・下腿部

椅子に座り，脚を少し伸ばした状態で交差させる。上の脚のハムストリングに力を入れて曲げ，下の脚の大腿四頭筋に力を入れて伸ばそうとする。

⑤大腿部

身体はまっすぐにし，手は腰に当て，片足立ちの中腰姿勢で片方の脚を伸ばした状態で支持脚を曲げる。支持脚は，少しつま先立ちで，この姿勢をキープする。

⑥腹筋

仰臥姿勢で，手は頭の後ろで組み，膝を直角にした状態で両脚を上げる。胸を曲げ，へそを見るような気持ちで，その姿勢をキープする。

⑦背筋

伏臥姿勢で，両腕・両脚を伸ばした状態で同時に上げ，身体を反らす。この姿勢をキープする。

⑧首

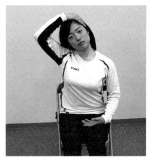

首を側方へ曲げ（45度ぐらい），片方の手で反対の側頭部を支持する（耳の横辺り）。首を起こそうとし，それを手で押さえるようにし，この姿勢をキープする。

両手の指先で額の部分を押さえ，頭を前へ曲げようとし，それを手で押さえつける。この姿勢をキープする。

■■❷2人でおこなうトレーニング

[特　徴] 1人は試技者，もう1人はサポートとなる。試技者は，自分の意志で最大限に筋肉を収縮している状態をつくる。サポートは，試技者と同じ力で均衡を保ちながら，その姿勢を維持することを心がける。

[注意点] 試技者は，姿勢を崩さないようにすること，そして呼吸を止めないようにすることが重要。トレーニングされている筋肉に集中すること。

①大腿部（スクワット）

足は腰幅程度に開き，パートナーを背負う。背中の部分を張った状態で膝を曲げ，この姿勢をキープする。

②胸，腕

腕立て伏せの姿勢をとり，腕を曲げた状態から伸ばそうとする。これをパートナーが両手で押さえつけようとし，この姿勢をキープする。

③上腕二頭筋

立位姿勢で両手のひらを上に向け，拳を作り，肘を90度に曲げた状態で腕を上に曲げようとする。パートナーは，片方の膝を床面につけた姿勢で試技者の手首を持ち，それを阻止しようとする。

④上腕三頭筋

立位姿勢で拳を作り，両腕をまっすぐに上げ，肘を90度に曲げた状態で手首を上に上げようとする。パートナーは片方の膝を床面につけた姿勢で試技者の手首を持ち，それを阻止しようとする。

⑤腹筋

両手を頭の後ろで組み，膝を90度に曲げた仰臥姿勢で，胸を曲げようとする。パートナーは，試技者の胸部分に両手を置き，それを阻止しようとする。

⑥背筋

伏臥姿勢で，両腕・両脚を同時に上げ，身体を反らすようにする。パートナーは，試技者の背中（肩甲骨辺り）と足首辺りに手を置き，それを阻止しようとする。

⑦大腿部（大腿四頭筋）

両手を頭の後ろで組み，両脚を上げ，膝を90度に曲げた仰臥姿勢で両足首を上げようとする。パートナーは，中腰姿勢で足首辺りに両手を置き，それを阻止しようとする。

⑧大腿部（大腿二頭筋）

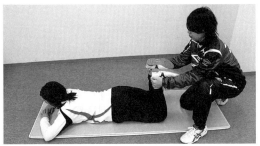

伏臥姿勢で膝を90度に曲げた状態で，足首を殿部の方向へ曲げようとする。パートナーは，片方の膝を床面につけた姿勢で足首を持ち，それを阻止しようとする。

6. アイソトニックトレーニング（ウエイトトレーニング）

　バーベルやダンベルなど，一定の強さの抵抗負荷に対して運動をおこなうトレーニングが，アイソトニックトレーニングである。例えば，ダンベルを片腕に持って，肘を中心に上げたり下げたりする運動（ダンベルカール）などがある。この場合，これらの動きには，2つの筋収縮が関与しており，ダンベルを下から上げる場合には，上腕二頭筋が短くなりながら力を発揮しており（短縮性収縮），またダンベルを上から下げる場合には，上腕二頭筋が伸びながら力を発揮していることになる（伸張性収縮）。

　前者の働きを利用したトレーニングをポジティブトレーニング，後者をネガティブトレーニングと呼んでいる。よって，アイソトニックトレーニングは，ポジティブとネガティブの両方の動作を利用しながらおこなうトレーニングということになる。

●──アイソトニックトレーニングの条件

■1 負荷強度

　アイソトニックトレーニングにおける負荷強度と主効果の関係は**表5-2**のようになる。RMとは最大反復回数（repetition maximum）のことで，任意の回数持ち上げることができる最大負荷量を示すときに用いられる。例えば，正確な動作を用いて8回でオールアウトしたときの負荷は8RMという形で表す。負荷強度は，最大反復回数（1RM，最大で1回しか反復できない強度）に対する割合（％1RM）で決定する。10～15RMは，ほぼ最大筋力の2/3に相当し，25～30RMは最大筋力の1/2に相当する。90％1RM以上の強度では，筋肥大よりも神経系の改善（運動単位の動員能力）に及ぼす効果のほうが大きい。このため，高強度のトレーニングは，筋の太さをあまり大きくすることなく筋力を増大する目的で用いられる。

　筋を効果的に肥大させるためには，やや負荷強度を下げ（70～85％1RM），量を増やす必要がある。また，負荷強度を65％1RM以下に下げてしまうと，筋肥大や筋力の増強は期待できず，筋持久力の向上が主な効果となる。よって，ある程度の負荷強度そして回数が必要となるのである。

表5-2　アイソトニックトレーニングにおける強度と主効果の関係

強　度 （％1RM）	最大反復回数 （RM）	主観的強度	主効果
100	1	非常に重い	筋力（神経系）
95	2		
93	3		
90	4	かなり重い	
87	5		
85	6	重　い	筋力 （形態的要因） 筋肥大
80	8		
77	9		
75	10～12	やや重い	
70	12～15		
67	15～18		
65	18～20	軽　い	
60	20～25		筋持久力
50	25～	非常に軽い	

[Ishii, 2001]

■2 セットと反復回数（量）

　10RMのように連続しておこなった一連の運動をセットと呼ぶ。負荷強度×反復回数ということになる。これを1セットとして，数セットをおこなう。筋力増大や筋肥大のためには，1筋群あたり2～6セット（各セットあたり，最大反復回数が原則）をおこなうのが推奨される。一般に大筋群ほど多数のセットが必要とされている。

　セットとセットの間には休息を入れる。筋力の増大の場合には，それぞれのセットで最大に筋

図5-8　筋力トレーニングのセット間の休息と血中成長ホルモン濃度の関係

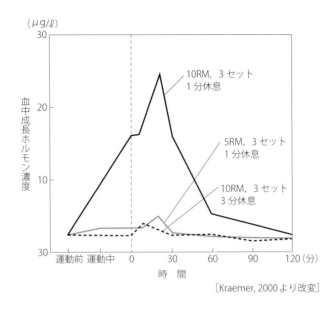

［Kraemer, 2000 より改変］

出力を発揮することが必要であるので，通常はセット間に3〜5分程度の休息時間をとる。また，筋肥大をおもな目的とする場合には，セット間の休息時間を短くする必要があり，1分程度まで短くできれば理想的であると言われている（**図5-8**）。

3 頻　度

同一筋群の筋力トレーニングを週何回おこなうかが頻度として決定される。強度と量の十分な

図5-9　体幹筋群の筋力トレーニングにおける頻度と筋力増強効果の関係

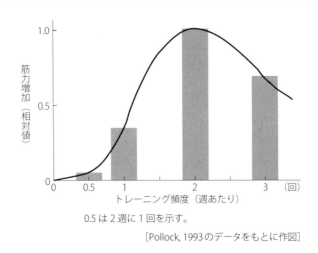

0.5 は 2 週に 1 回を示す。

［Pollock, 1993のデータをもとに作図］

筋力トレーニングがおこなわれた後は，筋は疲労する。そして休息をとることによって次第に回復する。筋力トレーニングによる疲労は，トレーニング後48〜72時間後には元のレベルを超える部分が一時的に出現することがあり，これを超回復と呼んでいる。この超回復の出現中に次のトレーニングをおこなうことによって，さらにトレーニング効果が現れるということで，トレーニングの頻度は，週2〜3回がよいとされている。

　トレーニング頻度が，筋力増強に及ぼす影響に関しての研究例は少ないが，次のような例がある。おもに体幹筋群を対象にした研究で，週2回の頻度が最適であり，週3回にしても効果は変わらないかやや落ちるようである（**図5-9**）。また，週1回の頻度でも効果が少しあることは注目すべきことである。

　トレーニング効果が現れる期間としては，6週間が通常である。よって，プログラムを進めていくうえで，6〜8週間が経過したころから，次の段階を考えておかなければならない。再度，最大筋力の測定をおこない，適正な負荷を選定する必要がある。

■■■**4 その他の工夫**

①伸張性動作の利用

　短縮性収縮による動作では，サイズの原理（**図5-10**）に従って遅筋線維から優先的に動員される。伸張性の動作では，逆に速筋線維から優先的に動員されることが**図5-11**で表されている。よって，負荷を下ろす動作では，伸張性の収縮によって，筋力が発揮されているということで，トレーニングをおこなうにあたって，負荷を下ろすときにも，意識して（筋力を発揮しており，効果的に向上させていくこと）トレーニングに取り組むことが重要である。

図5-10　運動強度と動員される筋線維タイプの
　　　　関係

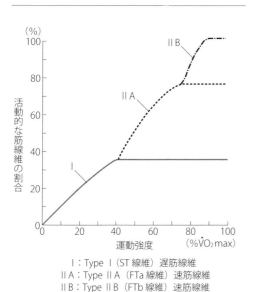

Ⅰ：Type Ⅰ（ST線維）遅筋線維
ⅡA：Type ⅡA（FTa線維）速筋線維
ⅡB：Type ⅡB（FTb線維）速筋線維
[Sale, 1987]

図5-11　伸張性動作（エキセントリック動作）における
　　　　速筋の優先的動員（足関節底屈曲）

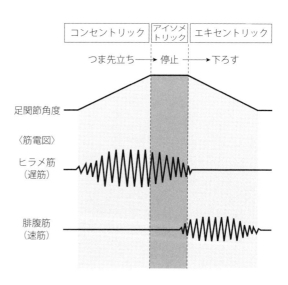

[Nardone et al., 1989より改変]

②挙上速度

負荷の挙上速度は，最大筋力に対する負荷の割合で決定される（力―速度関係）。負荷を速く上げるほど，多くの筋線維が動員されるので，できるだけ速い速度で上げるほうがよい。逆に負荷を下ろすときには，十分な伸張性筋力を発揮し，2～4秒ほどかけて下ろすようにすると効果的なトレーニングとなる。

③スロートレーニング（筋発揮張力維持スロー法）

動作中に筋の発揮する張力を維持しながら，ゆっくりと負荷を上げ下げすると，低負荷強度であっても，十分な筋肥大が起こることが認められており，これをスロートレーニング（筋発揮張力維持スロー法）と呼んでいる。

負荷強度は，30～50％1RM，負荷の上げ下げのときに，それぞれ3～4秒かけておこなうようにする。このトレーニングの効果としては，運動後の成長ホルモンの分泌や筋線維内のたんぱく質合成の活性化などがあげられる。

また，30％1RM程度の負荷強度で，疲労困憊まで反復をおこなうセットを3分程度の休息を挟んで数セットすることによっても，筋肥大が起こることも証明されており，これらのトレーニングは，発育期の選手などに有効な手段と言える。

●――ウエイトトレーニング(バーベル・ダンベルを利用した等張性トレーニング)の実施にあたってのガイドライン

■■■1グリップ

①プロネイティッドグリップ（オーバーハンドグリップ）（図5-12）

手のひらが下で，手の甲が上になるグリップ。順手。

②スピネイティッドグリップ（アンダーハンドグリップ）（図5-13）

手のひらが上で，手の甲が下になるグリップ。逆手。

③オルタネイティッドグリップ（図5-14）

一方の手をプロネイティッドグリップ，他方をスピネイティッドグリップで握る方法。デッドリフトなどの強い把持力が必要なときに使われるグリップである。

図5-12　プロネイティッドグリップ（オーバーハンドグリップ）	図5-13　スピネイティッドグリップ（アンダーハンドグリップ）	図5-14　オルタネイティッドグリップ

正しいグリップには，両手の間隔（グリップ幅）も重要である。グリップ幅には，通常幅とそれより広いワイドグリップ，狭いナローグリップの3種類がある。

■■2 ベルト

ウエイトベルト（**図5-15**）の使用目的は，トレーニング時における傷害予防および高重量を挙げるときの姿勢の安定が主なものである。特に下背部にストレスがかかる運動で，最大に近い負荷を扱う場合には，ベルトを使用することが基本である。ただ，軽い負荷などを用いるとき，あるいは下背部にストレスを与えない運動をおこなうときには，ベルトは必要ないと言える。

図5-15　ベルト

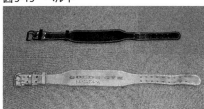

■■3 正しい姿勢

バーベルやダンベルを床から持ち上げるような場合には，安定した姿勢が重要である。筋や関節に正しい負荷がかかるようにしなければ，傷害の原因にもなる。

立位でおこなう運動では，一般的には足幅は腰幅よりもやや広くし，足部の母指球と踵部を床につけるようにすることが基本である。座位または仰臥位の運動をベンチでおこなう場合には，5つの部分（後頭部，上背部，殿部，右足，左足）を床やベンチにつけるようにすること。

■■4 呼吸の方法

ウエイトの運動で，最も大きな力が要求される部分をスティッキングポイントと呼んでいる。一般的に，このポイントを通過するときに息を吐き，ウエイトを下ろすような比較的力のかからないときに，息を吸うようにするとよい。

トレーニングの経験を積んだ上級者などについては，息を吸って止めて動作をおこなうような場合もある。

■■5 補助の方法

図5-16　補助の方法

トレーニング動作中の事故や傷害の発生を防ぐために，バーベルやダンベルを頭や顔より上に挙上する運動や，バーを肩の高さに保持した状態でおこなう運動をする場合には，必ず補助者をつける（**図5-16**）。

7. ウエイトトレーニングの実際

■■1 上肢のエクササイズ

[特　徴] 上肢を中心とした運動であり，トレーニングしている筋肉群に集中することが重要である。ゆっくりとした動作スピードでおこなうようにする。

[注意点] トレーニング動作中は，呼吸を止めないようにすることが重要である。リズムを一定に，正しい動作で，フォームが崩れないようにする。

①ベンチプレス（胸部）

▶おもに使われる筋：大胸筋，三角筋前部，上腕三頭筋

ベンチに仰臥姿勢にて両手でバーベルを持ち（両手は肩幅よりも広め），バーの中央部を胸に触れさせた位置から，まっすぐにバーベルを胸の上に押し上げる。

②ベントオーバーローイング（上背部）

▶おもに使われる筋：広背筋，僧帽筋，菱形筋

両手の間隔を肩幅程度に保ってバーを握り，体幹が床と平行より若干上になるまで前傾させる。膝は少し曲げた状態で，背を伸ばしたまま，脇をしめるようにしてバーベルを腹の上部まで持ち上げる。

③シーテッド・ショルダープレス（肩部）

▶おもに使われる筋：三角筋，上腕三頭筋

ベンチに座り，両足を床に固定する。両手を肩幅よりも広く開いてバーベルを持ち，首の後ろ，耳たぶの下端までの高さで構える。ついで，ゆっくりとバーを頭上へ押し上げる。

④バーベルカール（上腕部）

▶おもに使われる筋：上腕二頭筋，上腕筋，腕橈骨筋

バーベルを肩幅よりやや広めのスピネイティッドグリップで握り，腰の前にぶら下げ（バーベルを大腿部の前に保持する），肘を伸ばした位置から肘を曲げ，バーベルを肩まで（三角筋の手前）挙上する。

⑤リストカール

▶おもに使われる筋：尺側手根屈筋，橈側手根屈筋，長掌筋（前腕屈筋群）

ベンチの端に座り，バーベルを20〜30cmの間隔でスピネイティッドグリップで握り，大腿上に肘と前腕を置く。ついで，手首を下に深く折り曲げた位置から手首を上に巻き上げる。

⑥リストエクステンション

▶おもに使われる筋：尺側手根伸筋，短橈側手根伸筋（前腕伸筋群）

ベンチの端に座り，バーベルを20〜30cmの間隔でプロネイティッドグリップで握り，大腿上に肘と前腕を置く。ついで，手首を床に向かって屈曲した位置から手首を伸展させる。

■■■❷下肢のエクササイズ

[特　徴] 下肢を中心とした運動であり，トレーニングしている筋肉群に集中することが大切である。ゆっくりとした動作スピードで，正確な動作でおこなうようにする。
[注意点]特に重い負荷を上げる場合には，必ずベルトを着用すること。呼吸も止めないようにする。

①バックスクワット（股関節部と大腿部）
▶おもに使われる筋：大腿四頭筋，大殿筋，脊柱起立筋群

両足を肩幅または，肩幅よりやや広めで，バーベルを肩にかついで立位姿勢から，背中を伸ばしたまま深くしゃがみ（大腿部が床と平行となるところまで），その姿勢から立ち上がる。

②デッドリフト（股関節部と大腿部）

▶おもに使われる筋：脊柱起立筋群，大腿四頭筋，大殿筋

床に置いたバーの下に母指球がくる位置に肩幅程度のスタンスでしゃがむ姿勢をとる。オルタネイティッドグリップでバーを握り，膝と股関節を同時に伸ばし，バーの軌道がすねと大腿部のすぐ近くを通過するようにして，直立の姿勢までバーベルを挙上する。その後，上半身の姿勢を崩さずに，床にバーベルをゆっくりと下ろしていく。

■■■❸体幹部のエクササイズ

[**特　徴**] 自体重を利用した腹筋群・背筋群のトレーニングであり，ゆっくりとした動作スピードでおこなうようにする。

[**注意点**] トレーニング中は，呼吸を止めないようにする。正しいフォームでおこなうようにする。

①シットアップ（腹部）

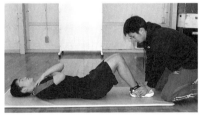

▶おもに使われる筋：腹直筋

腹筋台や床の上に仰臥姿勢になり，膝を直角程度に曲げて，足部を固定する。両手は，胸の前でクロスする。頭，肩を起こし，背中全体を丸め，腰部を起こしていく。その後は，元の姿勢にゆっくりと戻す。

②バックエクステンション（背部）

▶おもに使われる筋：脊柱起立筋群

専用の器具（ローマンベンチ）やベンチにうつ伏せになり，股関節がベンチの端にくるようにする。上背部が弓なりになるところまでゆっくりと伸ばし，その後，開始姿勢に戻す。

8. アイソキネティックトレーニング

アイソキネティック（等速性）トレーニングは，等速性マシンの発展によって普及したものであり，等速度で動く（回転する）アームなどに対して筋力を発揮することになる。トレーニング強度については，筋活動レベル（% MVC）と速度の両方で決定される。等張性トレーニングについては，**図5-17**のように，関節角度の変化とともに最大筋力が変わるため，相対的強度も変化していくが，等速性トレーニングでは，関節角度が変化するなかでの運動全域で一定の相対的強度を発揮することができるという利点がある。

ただ，専用のマシンが必要となる場合が多く，また種目数も限られることが短所と言える。

●──アイソキネティックトレーニングの条件

■1 強　度

動作全域を通して最大筋活動（100% MVC：最大努力）レベルを維持することが必要である。ただ，動作速度が増すとともに発揮筋力は低下する。よって，等速性トレーニングでは，動作速度（関節回転速度として60度/秒など）を指標とする場合がほとんどである。膝伸展などの関節運動の場合には，低速度（90度/秒まで），中速度（90～270度/秒），高速度（270度/秒以上）に分けるのが一般的である。

等速性トレーニングには，速度の特異性という特徴がある。低速度トレーニングでは，低速度での等速性筋力にのみ，高速度トレーニングでは高速度での等速性筋力のみに増大効果があり，中速度トレーニングでは，低・中・高速度全般にわたって向上するという特性がある。よって，

図5-17　関節角度と相対的負荷強度の関係

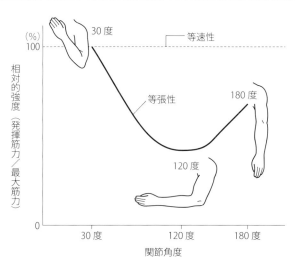

［石井，2014］

普通は，中速度を利用する場合が多い。

■2 量

低速度・中速度トレーニングでは，8〜15回程度。セット数は，3セットが基本である。

高速度トレーニングでは，1回あたりの運動量が少ないので，セットあたりの反復回数を多く設定してもよい。

■3 頻　度

等張性トレーニングと同じであり，週2〜3回がよいとされている。

等速性トレーニングは，等張性の原則におおよそあてはまるが，運動様式と運動速度については，できるだけスポーツスキルに近い形でおこなうように配慮することが重要であると言える。

9. 筋持久力向上のためのトレーニング

●──筋持久力とは

筋持久力（muscular endurance）とは，筋がいかに長く収縮し続けることができるかを意味

図5-18　作業負荷の大きさと持続可能な作業時間との関係

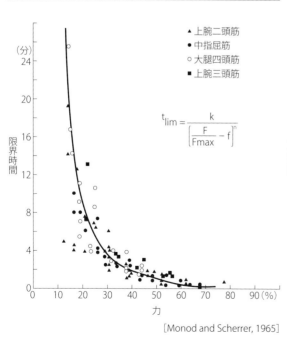

$$t_{lim} = \frac{k}{\left(\frac{F}{F_{max}} - f\right)^{n}}$$

[Monod and Scherrer, 1965]

図5-19　作業負荷の大きさと動作反復回数との関係

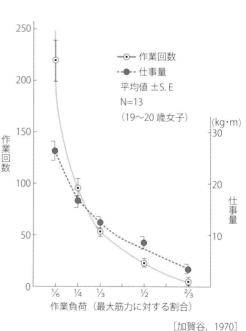

[加賀谷，1970]

61

する能力である。日頃の運動（レクリエーションやスポーツ）は，運動強度はまちまちであるが，連続的あるいは間欠的に動きが繰り返されている。ゲームや練習などを長く続けるためにも，大変重要な体力要素の1つである。

筋持久力は，力の発揮が静的（等尺性）の場合に静的筋持久力，動的（等張性）の場合に動的筋持久力として区別される。

静的持久力は，一定の負荷（荷重）を保持あるいは，一定の筋力レベルを発揮し続ける時間が，その能力を表す。動的持久力は，一定の負荷（荷重）を一定のリズムで動的に動かし，その最大反復回数が指標として表される。どちらも，力の発揮レベルが高いほど，持続時間（**図5-18**），あるいは反復回数（**図5-19**）は，指数関数的に減少する。

●──生理学的背景

筋持久力を高めるためには，活動している筋への酸素供給を増大させることが重要である。この背景には，筋内の毛細血管の発達が考えられる。これまでの研究のなかでは，単位面積あたりの毛細血管数の増加の程度は，反復回数が少ない（強度が高い）トレーニングより，反復回数が多い（強度が低い）トレーニングのほうが大きい傾向にあると報告されている（Campos et al., 2002）。また，アスリートの筋持久力の研究では，下肢筋では，陸上競技中・長距離選手が，短距離，跳躍，投擲の各選手より7～8倍高いとの報告もある（加賀谷，1983）。このことより，毛細血管数の増大による血流量の増大が生じ，これは，長く筋が活動している状況により，毛細血管が枝分かれしながら（バイパスをつくっていくような）数を増やしていくことが考えられる。また，エネルギー合成に大きな働きを示すミトコンドリアなどの増大などもおこなわれている。

また，筋持久力などを高めるような長時間作業は，意志力を高めるという報告もある。中枢神経系の機能も改善し，より長く運動を続けることができるようになる。

●──筋持久力向上効果の実際

筋持久力を高めるには，低強度のトレーニングが適していると言われている。筋持久力向上に効果のある至適強度がある。負荷重量が最大筋力の1/4，1/3，1/2に相当するもので，トレーニングをおこなった結果，1/4負荷によって，最大の効果を得たということであった。また，回数

表5-3　筋力─筋持久力の連続帯

	筋　力	短時間（無酸素）の筋持久力	中程度時間の筋持久力	長時間の筋持久力
目　的	最大筋力	重負荷での短い（2～3分）耐性	中程度負荷の耐性	軽負荷の耐性
処　方	6～8RM 3セット	15～25RM 3セット	30～50RM 2セット	100RM以上 1セット
改善されるもの	・収縮たんぱく（アクチンとミオシン） ・ATPとCP ・結合組織	・いくぶんかの筋力アップと無酸素的代謝（解糖）	・筋持久力と無酸素的代謝 ・いくぶんかの（非鍛錬者）筋力アップ	・有酸素系の酵素 ・ミトコンドリア ・筋の酸素摂取量と脂質利用能力
改善されないもの	・筋の酸素摂取量 ・筋持久力	・筋の酸素摂取量		・最大筋力

[Sharkey, 1997]

については，最大筋力の1/3に相当する負荷重量での最大反復回数を基準とし，作業回数を最大（1/1Max），2/3（2/3Max），1/2（1/2Max）でトレーニングを実施した結果，1/1Maxが大きな効果を表したということである。よって，筋活動の持続時間が長いほど効果が大きく現れるということであった。

　したがって，筋持久力トレーニングについては，負荷強度に対する個人の最大反復回数あるいは持続時間とするのが最も効果的である。筋持久力の参考資料として**表5-3**に示す。

10. プログラムデザイン(ウエイトトレーニングの進め方)

●──ウエイトトレーニングのプログラム計画

　このプログラム計画については，さまざまな要素・条件を変化させることが必要である。
　エクササイズ，負荷，回数，セット数など「変数」と呼ばれるさまざまな要素が存在する。これらの変数をトレーニング指導対象者の特徴や目的などに応じて考えていくことが重要である。

■■■①エクササイズの選択

　ウエイトトレーニングのプログラム作成にあたっては，トレーニングの目的，スポーツ種目の特異性，トレーニング経験度，筋力トレーニングのエクササイズ（トレーニング種目），使用できる器具，利用できるトレーニング時間などを考慮して，エクササイズを選択する必要がある。

①エクササイズの種類

　プログラムを計画するにあたって，選択できる種目は多くの種類があり，選手のニーズなどに応じて，また，スポーツの種目特性に応じて選択していく。

②主要エクササイズ

　1つ以上の大筋群（肩，胸，背部，殿部，大腿部など）を動員し，2つ以上の関節が関わるエクササイズであり，スポーツ競技に直接的に応用できるエクササイズのことである。具体的には，ベンチプレスやバックスクワット，デッドリフトなどがあげられる。また，爆発的におこなわれるエクササイズ（パワークリーンやスナッチなど）はパワーエクササイズと呼ばれている。

③補助エクササイズ

　小さな筋群（上腕，腹部，下腿など）を動員し，1つの主要な関節のみでおこなわれるエクササイズのことを言う。このエクササイズは，特定の筋群を強化できることから，リハビリテーションなどにも活用される場合が多く見受けられる。

■■■②エクササイズの順序

　エクササイズの順序とは，1回のトレーニングでおこなわれるエクササイズの順序のことである。いろいろな決定方法があるが，どの方法でも，あるエクササイズが，その後に続くエクササイズに大きな影響を及ぼさないようにすることを第一に考えることが重要である。

順序としては，主要エクササイズを補助エクササイズの先におこなうようにすることが重要である（大筋群から小筋群へ。多関節から単関節へ）。これは，先に補助エクササイズをおこない，ある小筋群が疲労してしまうと，大筋群を利用する中心的な主要エクササイズが疲労の影響を受け，正しい動きやトレーニングができなくなり，また傷害などのリスクも高くなるからである。また，パワーエクササイズの場合は，爆発的な動きをしなければならないので，最初におこなうようにし，フレッシュな身体の状態でトレーニングがおこなえるように考慮することも重要である。特に高度なテクニックを要する種目については，最初におこなうようにする。

■■❸トレーニング負荷と反復回数

　負荷とは，エクササイズで扱う重量のことを言う。強度とも言われ，ウエイトトレーニングをおこなうにあたっては，最も重要な要素であると言われている。回数とは，繰り返し可能な反復回数のことである。反復可能な最大の回数をRM（最大反復回数：repetition maximum）と言い，負荷強度の指標となる。この指標を用いた方法をRM法と呼ぶ。ある選手が，ベンチプレス

表5-4　1RMの割合と反復できる回数

％1RM	反復できる回数
100	1
95	2
93	3
90	4
87	5
85	6
83	7
80	8
77	9
75	10
70	11
67	12
65	15

[Baechle and Earle, 2008]

表5-5　トレーニング目標に基づく負荷と反復回数の設定

トレーニング目標	負荷（％1RM）	目標反復回数
筋力	≧85	≦6
パワー		
1回の最大努力	80〜90	1〜2
複数の最大努力	75〜85	3〜5
筋肥大	67〜85	6〜12
筋持久力	≦67	≧12

[Baechle and Earle, 2008]

図5-20　最大反復回数の連続体

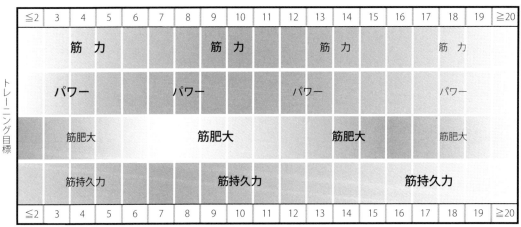

最大反復回数の連続体

[Baechle and Earle, 2008]

を50kgの重量で8回できる場合，この選手の8RMは50kgとなる。1RMは，最大挙上重量（100％）のことを表す。この1RMの％と反復回数の関係性を示したのが**表5-4**である。この表を基に，反復回数から％1RMが予想され，この％を利用しながら，トレーニングを進めていくことが基本である。

トレーニング目標に基づく負荷と反復回数の設定を表したものが**表5-5**である。筋肥大のためには，6〜12RM，筋力の向上のためには6RM以上の高負荷で，また筋持久力向上のためには，12RM以下の負荷を用いておこなうようにする。

最大反復回数の連続体については，**図5-20**を参照していただきたい。

■④トレーニング量

トレーニング量とは，1回のトレーニングで挙上した重量の総量を示し，1セットとは，選手が休息のために終了するまで連続しておこなわれる反復回数を示す。トレーニング量は，重量×回数×セット数によって求めることができる。例をあげると，50kgで10回，3セットのトレーニング量は，50kg×10×3，1500kgになる。そしてこのプログラムを週に3回おこなったならば，1500kg×3，4500kgが週あたりのトレーニング量となる。

■⑤休息時間

セット間やエクササイズ間の回復時間のことを休息時間もしくはセット間の休息と言う。この時間の設定については，トレーニングの目標によって調整がなされる。**表5-6**が，トレーニング目標に対しての基本的な休息時間の配分を示したものである。

■⑥トレーニング頻度

トレーニング頻度は，ある期間内（1週間単位が多い）に実施するトレーニングの回数で示される。トレーニング頻度は，選手のトレーニング状況，シーズン別などによって決定される。

通常は，トレーニング頻度は，同一内容を実施する場合，超回復の原則を考え，なか1〜2日あけて，週2〜3日が目安となるが，プログラムを分割する場合には（例えば，上半身のエクササイズと下半身のエクササイズをそれぞれ別の日に実施する），週4〜6日に頻度を増やすこともある。

一般的なトレーニング頻度の目安は，**表5-7**に示している。

表5-6　トレーニング目標に基づく休息時間の設定

トレーニング目標	休息時間
筋　力	2〜5分
パワー	
1回の最大努力	2〜5分
複数の最大努力	2〜5分
筋肥大	30秒〜1.5分
筋持久力	≦30秒

[Baechle and Earle, 2008]

表5-7　トレーニング状況に基づいた筋力トレーニングの頻度

トレーニング状況	頻度の目安（回/週）
初心者	2〜3
中級者	3〜4
上級者	4〜7

[Baechle and Earle, 2008]

［文　献］

• Baechle, T. R. and Earle, R. W. (2008) Essentials of strength training and conditioning (3rd ed.), Human Kinetics.

• Campos, G. E. R., Luecke, T. J., Wendeln, H. K., Toma, K., Hagerman, F. C., Murray, T. F., Ragg, K. E., Ratamess, N. A., Kraemer, W. J. and Staron, R. S. (2002) Muscular adaptations in response to three different resistance-training regimens: Specificity of repetition maximum training zones. Eur J Appl Physiol., 88(1-2): pp. 50-60.

• Fox, E. L. (1979) Weight resistance training: methods and effects. In: Sports physiology. W. B. Saunders: pp. 137-138.

• ヘッティンガー：猪飼道夫・松井秀治訳（1970）筋力トレーニング，アイソメトリックトレーニング―筋力トレーニングの理論と実際―．大修館書店：pp. 92-139.

• 福永哲夫（1978）ヒトの絶対筋力―超音波による体肢組成・筋力の分析―．杏林書院.

• Ishii, N. (2001) Factors involved in the resistance-exercise stimulus and their relations to muscular hypertrophy. In: Nose, H., Mack, G. and Imaizumi, K. (eds.), Exercise, nutrition and environmental stress. Cooper Publishing Group: pp. 119-138.

• 石井直方（2014）健康運動指導士講習会テキスト．南江堂.

• 加賀谷淳子（1970）末梢循環と筋持久力．猪飼道夫編，身体運動の生理学．杏林書院：pp. 211-277.

• 加賀谷淳子（1983）筋の持久性とトレーニング．J. J. Sports Sci., 2: pp. 35-44.

• 金子公宥（1988）パワーとは何か，パワーアップの科学．朝倉書店：pp. 1-7.

• Kraemer, W. J. (2000) Physiological adaptations to anaerobic and aerobic endurance training programs. In: Baechle, T. R. and Earle, R. W. (eds.), Essentials of strength training and conditioning. Human Kinetics: pp. 137-168.

• Monod, H. and Scherrer, J. (1965) The work capacity of a synergic muscular group. Ergonomics, 8: pp. 329-338.

• Nardone, A., Romanò, C. and Schieppati, M. (1989) Selective recruitment of high-threshold human motor units during voluntary isotonic lengthening of active muscles. J. Physiol., 409: pp. 451-471.

• Pollock, M. L., Graves, J. E., Bamman, M. M., Leggett, S. H., Carpenter, D. M., Carr, C., Cirulli, J., Matkozich, J. and Fulton, M. (1993) Frequency and volume of resistance training: effect on cervical extension strength. Arch Phys Med Rehabil., 74(10): pp. 1080-1086.

• Sale, D. G. (1987) Influence of exercise and training on motor unit activation. Exerc Sport Sci Rev., 15: pp. 95-151.

• Sharkey, B. J. (1997) Fitness and Health (3rd ed.), Human Kinetics.

第6章

パワーアップとスピードアップの
メカニズムとトレーニング法

1. パワー

●──パワーとは

　パワーは,物理的には「単位時間になされる仕事」,つまり仕事を時間で除したものである。よって,パワー＝仕事÷時間となり,仕事＝力×距離であるので,パワー＝力×距離÷時間となる。距離÷時間＝速度,したがって,パワー＝力×速度で表される。すなわち,パワーは「力」と「速度」によって決定されるということである。

　実際の運動・スポーツ場面では,力（筋力）と速度（スピード）の両者を同時に使っている場合がほとんどである。例えば,スプリントやジャンプなどは短時間で大きなパワー（ハイパワー）を発揮している。また,長距離走や遠泳などは長時間にわたり小さなパワー（ローパワー）を持続していると言える。しかしながら,筋力や持久力,柔軟性などと同じ体力要素の1つとしてパワーという言葉を用いる場合,パワーは最大努力で全身を爆発的に動かす能力,つまり瞬発力とほぼ同様の意味として認識されていることが多く,運動・スポーツの分野でパワーと言えばハイパワーのことを意味することがほとんどである。

●──力─速度関係とパワー

　先に示した通り,パワーは力と速度によって決定される。**図6-1**,**図6-2**は力─速度関係（凹曲線）と力─パワー関係（凸曲線）を示したものである。これらの関係は,自転車のペダリング運動をイメージすると理解しやすい。負荷（力）が0のとき,つまりペダルを空回しするときは最大速度でペダリングをおこなえるが,力が0であるため力と速度の積であるパワーは0である。徐々に負荷を上げていくとペダリングの速度は低くなっていくが,力は増加するためパワーは

図6-1　力―速度関係（凹曲線）と力―パワー関係（凸曲線）

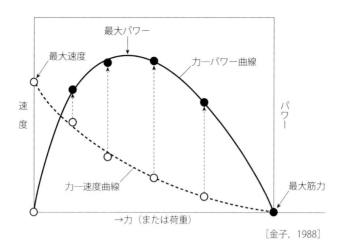

[金子，1988]

図6-2　筋収縮様式と力，速度，パワーの関係

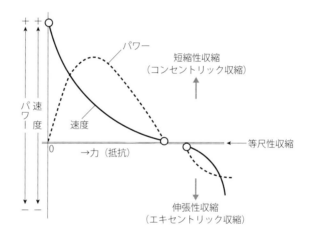

[金子，1988]

表6-1　最大パワー，最大筋力，最大速度の男女差

筋	性	最大パワー 平　均 (kg・m/秒)	女／男×100 (％)	最大筋力 平　均 (kg)	女／男×100 (％)	最大速度 平　均 (m/秒)	女／男×100 (％)
肘屈筋	男　子	16.3		29.4		4.7	
	女　子	7.0	42.9	16.2	55.1	3.5	74.5
膝伸筋	男　子	41.7		67.8		4.8	
	女　子	22.6	51.2	42.4	62.5	4.2	98.2

注：肘屈筋は金子（1970），膝伸筋は川初と猪飼（1972a）の資料による。

[Kaneko, 1970]

徐々に高くなる。しかし速度は徐々に下がっていくので，ある地点（最大パワー）を境にパワーは低下し，最後にペダルが重くてこげない状態になる。この状態では等尺性の最大筋力を発揮していることになるが，動きはなく速度が0であるため，パワーも0となる。つまり，運動の速度が高すぎたり遅すぎたりすると発揮されるパワーは小さくなるのである。すなわち，図6-1に示したように，最大パワーは最大筋力および最大速度の約1/3のときに出現し，この出現条件に男女差も筋力差もない。Kaneko（1970）や川初・猪飼（1972a）は，最大パワー，最大筋力，最大速度の男女差について検討し，最大速度における性差は最大筋力の差に比べ非常に小さいことを明らかにした（**表6-1**）。つまり，最大パワーの男女差は，筋力の違いにより生じるものであると言える。

●──パワー発揮能力の競技・種目特性

　スポーツ選手は，生まれもっての素質や長期にわたるトレーニングによって，自分のおこなっている競技・種目に適した体力特性を示す。各種スポーツ選手の筋パワーの差から，競技・種目の違いによる筋パワーの特性をみてみよう。

　図6-3に，パワーが必要であると思われる重量挙げと剣道の選手の肘屈曲時における力─速度関係，力─パワー関係を一般人と比較した結果を示した。重量挙げ選手が最大速度，最大筋力，および最大パワーのすべてに優れた結果を示している（金子・渕本，1981）。

　図6-4は，陸上競技走種目選手における膝伸展の力─速度関係，力─パワー関係を示したものである（川初・猪飼，1972a）。速度，筋力，パワーのいずれの値も短距離＞中距離＞長距離であった。また，ともに爆発的なパワー発揮を必要とするスプリンター（短距離選手）とジャンパー（跳躍選手）を比べた結果（**図6-5**），最大パワーの値は同等であるが，スプリンターは速度が高いときに最大パワーが出現するのに対し，ジャンパーはスプリンターに比べて力が大きい

図6-3　重量挙げ，剣道選手と一般人の肘屈筋における力─速度関係（左），力─パワー関係（右）

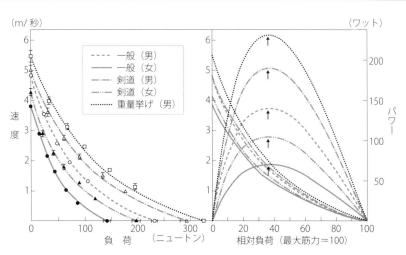

［金子・渕本，1981］

図6-4　陸上競技走種目（短・中・長距離）選手の膝伸展筋における力―速度関係，力―パワー関係

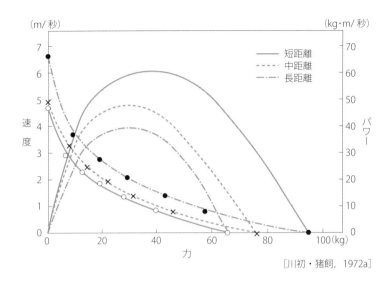

[川初・猪飼，1972a]

図6-5　陸上競技スプリンター（短距離選手）とジャンパー（跳躍選手）の膝伸展筋における力―速度関係，力―パワー関係

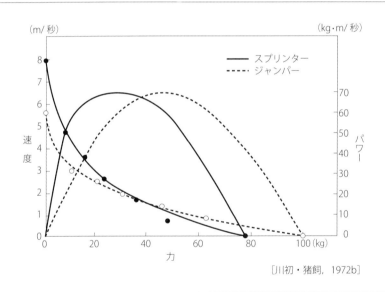

[川初・猪飼，1972b]

ときに出現していることがわかる（川初・猪飼，1972b）。このようにスポーツの競技・種目によりパワー発揮特性が異なることを理解しておくことが必要である。

●――アネロビックパワーとエアロビックパワー

　アネロビックパワーとは，ATP-CP系および解糖系といった無酸素的エネルギーが供給源となりおこなわれる運動を対象にしたものである。自転車エルゴメーターによるアネロビック（無酸

図6-6　競技・種目別にみた一流スポーツ選手の最大無酸素パワー

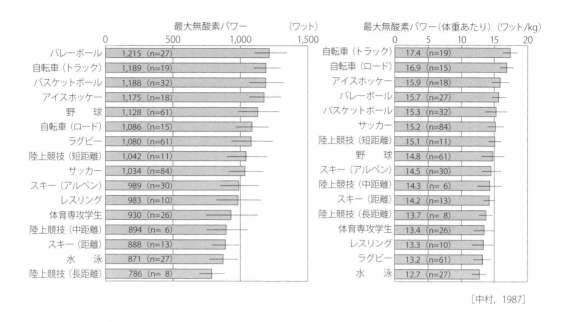

[中村, 1987]

素）パワー測定法が用いられることが多い。前述した筋パワーもこれに属するが，多くの場合アネロビックパワーとは別枠で取り扱われており，一般的にアネロビックパワーと言えばスプリントや自転車運動などの筋が無酸素的に繰り返し収縮する運動を対象としている。**図6-6**に自転車エルゴメーターを用いて推定された一流選手の最大無酸素パワーを示した。自転車競技選手は測定結果にスキルの影響もあると考えられるが，ダッシュやジャンプなどを必要とする種目が高い値を示す傾向にある。レスリングやラグビーが体重あたりの最大無酸素パワーで低い値を示しているのは，競技の特性上，体重の重さも有利に働くためこのような結果になったものと思われる。

　酸素が十分に供給されながらおこなわれる運動を有酸素運動（エアロビクス）と言う。これまで述べてきた種々のパワーは，外部に働きかける出力パワーを指していたが，エアロビックパワーは入力パワー，つまり有酸素運動時のエネルギー消費量を指す。エネルギー消費量は体内に摂取される酸素の量から知ることができるため，酸素摂取量をエアロビックパワーとしている。

2. パワーアップ

●——パワーアップに必要な条件

　金子ら（1981）は，最大パワーを効果的に高めるための運動強度を明らかにするために，次のような実験をおこない，等尺性肘屈筋力の0％（空振り），30％，60％，および100％（最大

図6-7　肘屈筋の力─速度関係と力─パワー関係に及ぼす4種のトレーニングの効果

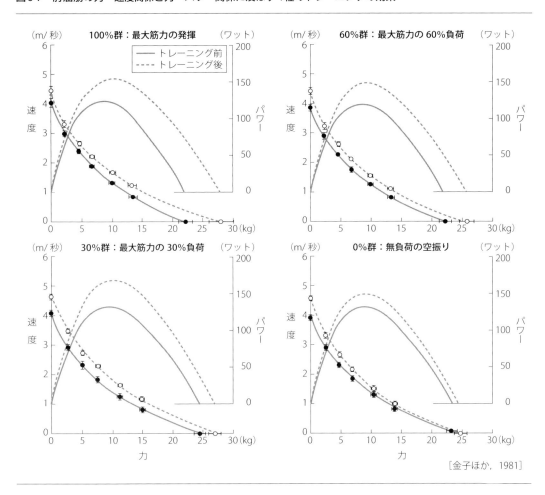

[金子ほか，1981]

図6-8　最大筋力，最大速度，最大パワーに及ぼす4種のトレーニングの効果

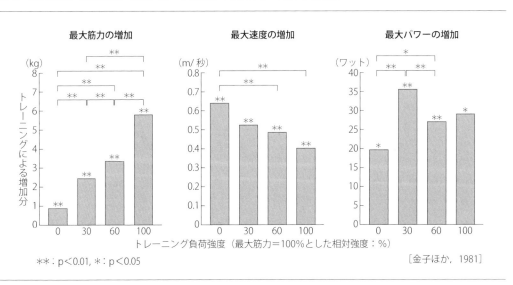

＊＊：p＜0.01，＊：p＜0.05

[金子ほか，1981]

筋力発揮）の異なる運動負荷でトレーニングをおこなう4グループについて，そのトレーニング効果を観察している。その結果，どの運動負荷においても最大筋パワーは向上したが，0%（空振り）の運動負荷でトレーニングを実施したグループでは最大速度の向上が顕著であり，一方，100%（最大筋力発揮）のグループでは最大筋力の増大が著しく，最大筋パワーが最も向上したのは30%のグループであった（**図6-7**）。前述したように，最大筋パワーは最大筋力の約1/3で発揮されており，最大パワーの向上には最大パワーの発揮が最も効果的であることが明らかとなった。同様に，最大筋力の向上には最大筋力の発揮が，最大速度の向上には最大速度の発揮が最も効果的であり，特異性の原理にしたがう結果となった（**図6-8**）。実際には，これらの点を踏まえながら，先に示した最大筋パワーの発揮にも競技・種目の違いによる特異性を考慮し，必要とされるパワーがどのような条件下（力，速度）で発揮されるべきものであるかを理解したうえでパワーアップのためのトレーニングを実施する必要がある。

●──パワーアップのためのトレーニング

■■1複合トレーニング

　図6-9は，垂直跳びの成績に及ぼすトレーニング効果を明らかにするために実施された単一トレーニングによる実験の結果である（金子ほか，1983）。ジャンプトレーニングが垂直跳びの

図6-9　垂直跳の成績に及ぼす単一トレーニングの効果　　　図6-10　垂直跳の成績に及ぼす複合トレーニングの効果

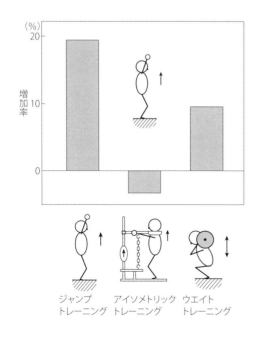

[金子ほか，1983]

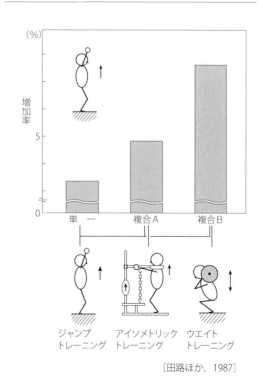

[田路ほか，1987]

図6-11　50m走タイムに及ぼす複合トレーニングの効果

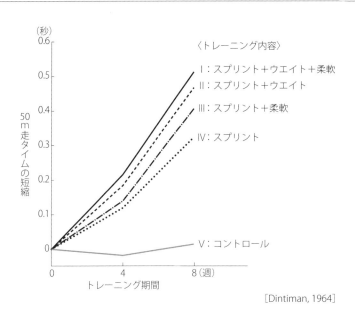

[Dintiman, 1964]

成績の向上に最も効果的で，特異性の原理にあてはまる。一方で，特異性を強調した専門トレーニングに偏った場合，さらに高いレベルをめざすのに必要な基礎体力がおろそかになってしまう。パフォーマンス向上には専門トレーニングと筋力アップなどの基礎体力トレーニングとを複合しておこなうことが必要である。**図6-10**は，垂直跳びの成績に対する複合トレーニングの効果をみたものであるが，垂直跳びのみをトレーニングとしておこなったグループ（単一）より，垂直跳び＋アイソメトリックトレーニング（複合A），もしくは，垂直跳び＋ウエイトトレーニング（複合B）をおこなったグループのほうが高いトレーニング効果を示した（田路，1987）。

　また，短距離走の競技記録に及ぼすトレーニングの影響も同様に，スプリント走（短距離走）のみよりも，加えてウエイトトレーニングなどを実施したほうが，50m走タイムが短縮した（**図6-11**；Dintiman，1964）。トレーニング効果を上げるためには，特異性の原理とオーバーロードの原理の両面を満たす複合トレーニングが非常に有効な手段である。

■■❷プライオメトリックス：plyometrics

　プライオメトリックという言葉の語源は諸説あるが，increase（増大）を意味するギリシャ語 "pleythein" あるいは "plio" の「さらに」と "metric" の「長さ」にそれぞれ由来していると言われ，高強度で大きな負荷を意味するものと捉えられる。プライオメトリックでは，短縮性筋収縮に先立って引き起こされる動的で急速な筋の伸張（伸張性筋収縮）によって，静止した状態からの短縮性筋収縮よりも大きな筋パワーが発揮される。この伸張性筋収縮が短縮性筋収縮に先立って生じる運動を伸張―短縮サイクル運動（SSC運動：stretch-shortening cycle movement）と言い，弾性エネルギーの貯蔵・再利用や伸張反射による筋の興奮水準の増加などによって筋パ

ワーは増大すると言われている。

　筋パワーが鍵となるさまざまな運動・スポーツ，例えば，ランニングの接地，跳躍の踏み切り，球技種目の相手をかわす際の切り返しなど多くの場面でみとめられる。このプライオメトリックの特徴を用いたトレーニングをプライオメトリックスと言う。最大パワー発揮能力を高めることを課題とした一般的な筋パワートレーニングでは，最大筋力の1/3の重量を用いてこれをすばやく反復しておこなう。それに対して，プライオメトリックスは，実際のスポーツ場面にみられる動作を強調しておこなうため，より専門的で実践的な筋パワートレーニングとして位置づけられる。

　プライオメトリックスの実施にあたっては，下肢（脚・股関節），体幹，上肢（胸・肩・腕）の3部位を対象として考える。ここで用いられる基本的動作は，下肢のトレーニングではバウンド，ホップ，ジャンプなどがあげられる。具体的には，ジャンプトレーニングとして，ある高さの台上から跳び下り着地後すばやく跳び上がるドロップジャンプ（デプスジャンプ）や，その場でできるだけ高く跳び上がり落下後すばやく跳び上がることを繰り返すリバウンドジャンプなどが代表的である。これらは，実際に得られた接地時間と滞空時間（跳躍高）からジャンプ指数（跳躍高÷接地時間）を算出することによって，その能力を評価することも可能である。

　プライオメトリックスでは，その特性から最大努力によるすばやい動きが基本であり，さらに筋の伸張速度が伸張の大きさよりも重要となる。したがって，トレーニングレベルや目的に合わせて，跳び下りる台の高さ，ウエイトの重さ，移動距離などによって負荷強度を変化させる必要がある。上肢ではスローやプッシュなど，体幹部ではスイング，ツイストなどがあり，姿勢（仰臥，膝立，立位など）や助走の有無，メディシンボールやダンベル等の重さを変化させることによって強度設定をおこなう。

　プライオメトリックスの反復回数は8〜10回が用いられることが多いが，より大きな力を発揮するときにはより少ない反復回数で，反対の場合は反復回数を多く設定して実施する。また，適切なセット数は6〜10セットであるとされ，激しい種目では3〜6セットと少なめでよく，セット間の休息は2分間程度でよい。プライオメトリックスは高強度な運動であるため，筋・靱帯・腱の回復が重要である。したがって，毎日実施することは難しく，一般に週2〜3回のトレーニングが良い結果を生むように思われる。

　以上のようなトレーニング条件を踏まえて，プライオメトリックスは実践的トレーニングとして仕上げ期や試合期においておこなうべきであり，十分な筋力づくりができて初めておこなえるパワートレーニングと言える。

●──プライオメトリックスの実際

■■■1 下肢

[特　徴] バウンド，ホップ，ジャンプを基本動作として用いる。

[注意点] できるだけ短時間で大きな力を発揮することを心がける。また，高めたい運動・スポーツの特性に応じて，方向（前後・左右方向），高さ（台・ハードルなど），負荷重量や移動距離などを変えるとよい。

①ドロップジャンプ

台上から跳び下り，着地後すばやくできるだけ高く跳び上がる。

②リバウンドジャンプ

できるだけ高く跳び上がり，落下後すばやく跳び上がることを繰り返す。

③ボックスサイドジャンプ

片足を台に乗せた姿勢からできるだけ高く跳び上がり，台の反対側に反対足を乗せた姿勢になるように落下し，ふたたび高く跳び上がることを繰り返す。すばやい方向転換を意識する。

④バウンディング（左右交互ジャンプ）

前方に進みながら，左右脚で交互にジャンプを繰り返す。腕を大きく使いながら上体をまっすぐに保ったまま跳び上がり，膝を前上方に引き上げる。一定の距離に要するジャンプの歩数やタイムなどを評価の基準に用いる。

⑤ホッピング（片脚連続ジャンプ）

バウンディングと同様の動きを，左右のいずれかの脚のみでおこなう。

⑥ハードルジャンプ

任意の高さのハードルを両足で前上方へ跳び越え，着地後すばやく次のハードルに向かって跳び上がる。これを数台繰り返す。無理のない高さで実施する。ゴムなどを使用して実施することも可能である。

⑦ハードルサイドジャンプ

ハードルジャンプと同様の動きを，左右でおこなう。すばやい方向転換を意識する。

■■■2 上肢

[特 徴] スローやプッシュなどを基本動作とする。脚から体幹そして腕へと連動する運動である。
[注意点] 反動動作を利用し，すばやい切り返しをおこなう必要がある。高めたい運動・スポーツの特性に応じて，使用するメディシンボールの重さや投げ出す方向などを変えるとよい。

①直上スロー

メディシンボールを身体の前に両手で持ち，深く沈み込んだ姿勢から一気に上方へ投げ上げる。

②フロントスロー

メディシンボールを身体の前に両手で持ち，深く沈み込んだ姿勢から一気に前上方へ投げ上げる。

③バックスロー

メディシンボールを身体の前に両手で持ち，深く沈み込んだ姿勢から一気に後ろ上方へ投げ上げる。

④サイドスロー

メディシンボールを身体の横に両手で持ち，深く沈み込んだ姿勢から一気に後ろ上方向へ投げ上げる。

⑤チェストスロー

メディシンボールを胸の前に両手で持ち，身体を後方へ反らせた姿勢から一気に前方へ押し出す。

⑥オーバーヘッドスロー

メディシンボールを頭上に両手で持ち，後方へ腕を引いた姿勢から一気に前方へ投げ出す。

⑦プッシュアップ

腕立て伏せの要領でおこない，腕を伸ばす際に地面を押して一気に上体を引き上げる。

■■■❸体幹

[特　徴] スイングやツイスト，コンタクトなどを基本動作として用いる。

[注意点] スイングやツイスト，コンタクトによって不安定になる体幹をできるだけ動かさないように注意する。使用重量，振り幅，コンタクトの強さなどによって負荷を調整する。

①アームスイング

ダンベルを持ち，体幹を固定した姿勢で腕を前後に振る。

②ツイスト

身体の前にダンベルを両手で保持し，姿勢をできるだけ変えないで左右にすばやくツイストする。

3.　SAQ

　体力の主要な3要素（第1章）の1つにスピードがある。多くのスポーツ種目で必要とされる体力要素で，神経系の反応と筋収縮速度が関与する能力である。このような能力を向上させるトレーニングにSAQトレーニングがある。

●──SAQとは

　SAQとは，speed（スピード），agility（アジリティ），quickness（クイックネス）の頭文字であり，この3文字を取ってSAQトレーニングと呼ばれている。SAQトレーニングは1980年代後半にアメリカで誕生。アメリカンフットボールやバスケットボール等のプロ選手にも多く採用されて幅広く普及した。1990年代前半には日本でも紹介され，今日ではさまざまな競技スポー

図6-12　SAQ各要素の概念の模式図

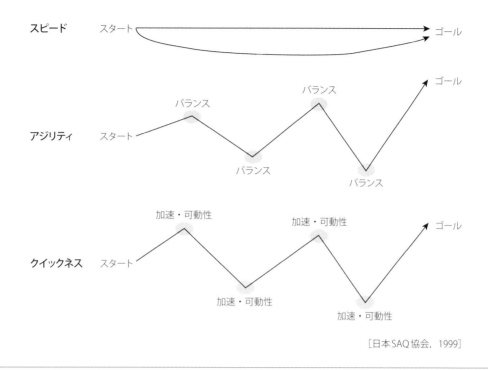

スピード　スタート　　　　　　　　　　　　　　　　　　　　　　ゴール

アジリティ　スタート

バランス　バランス　バランス　バランス

クイックネス　スタート

加速・可動性　加速・可動性　加速・可動性　加速・可動性

ゴール

［日本SAQ協会，1999］

ツのトレーニング法として定着している。

　SAQにおけるspeed（スピード）とは直線的な最高速度であり，方向の変化は伴わず前方へ重心移動させる能力を指す。agility（アジリティ）は敏捷性のことであり，スピーディーな方向転換や動作の切り替え，またさまざまな方向へのすばやい移動を指し，運動時に身体をコントロールする能力と言える。agility（アジリティ）においては，スピードとボディバランスの両方が重要な要素となる。quickness（クイックネス）とはすばやさであり，静止した状態からできるだけすばやく反応し動作を起こすことや，スタートからの数歩を無駄なく加速すること，また，あらゆる状況に対応しながら多方向へ最短距離でいかに速く移動できるかがポイントとなる。

　以上のようにspeed・agility・quicknessに分類されているが，実際には重なり合う要素も多い。実施者が何を目的として，どのような点を意識しながらおこなうかによって分類される（**図6-12**）。

●──SAQトレーニングの目的と効果

　多くのスポーツにおいてパフォーマンスを向上させるためには正確な動作と，速い動作が必要不可欠な要素であり，SAQトレーニングによってこれらの向上が期待できる。

　SAQトレーニングでは「神経系の活性化」と「身体の正しい使い方」を目的とし，スピード，筋力，ハイスピード動作中に，最大の力を発揮する能力の向上をめざしている。また一般的におこなわれているウエイトトレーニングと，各競技の専門的な動きとのギャップを埋める役目も

担っている。ウエイトトレーニングによって鍛えた筋肉を，より速い動作に適応させ，専門的な動きへとつなげる効果も期待できる。

　また，SAQトレーニングを実施する際に重要となる要素の1つに柔軟性があげられる。柔軟性の大きさは無駄のない動きづくりに影響を及ぼす。なかでもダイナミックフレキシビリティ（動的柔軟性）の向上がポイントとなる。

4. SAQ能力アップのトレーニング

■■1 ラダートレーニング

[特　徴] 梯子状のトレーニング器具を床に敷き，そのマスを利用してさまざまなステップを取り入れておこなう方法。調整力の向上に効果的である。
[注意点] 正確な動作を身につけた後，徐々に速いスピードと速いテンポを意識しておこなう。

①クイックラン：神経系機能，スピード

ラダー1マスに1歩（片足）ずつのステップで，できるだけ速いスピードで走り抜ける。

②ラテラルクイックラン：神経系機能，スピード

ラダー1マスに2歩（両足）ずつのステップで，できるだけ速いスピードで横向きに移動する。

③開閉ジャンプ：神経系機能

両足ジャンプで，閉じて1歩，開いて1歩，できるだけ速く前進する。

④ケンパ：神経系機能

片足で1歩前進，次の1歩はラダーの外に両足で前進し，ケンパを繰り返しながらできるだけ速く前進する。

⑤前後ジャンプ：神経系機能

⑥両足ツイストジャンプ：神経系機能，柔軟性，バランス

ラダーの一辺をまたぎながら両足を揃えてジャンプし，1マスずつ前後しながら横方向へできるだけ速く移動する。

両足でジャンプし，空中で腰を捻って右斜め45°，左斜め45°と1歩ずつできるだけ速く前進する。

⑦クロスステップ：神経系機能，柔軟性，バランス

ラダーの一辺をまたぎながら，クロスステップで1マスずつ横方向へできるだけ速く移動する。

■■2 ミニハードルトレーニング

[特　徴] 小型ハードル（高さ15～30cm）を1～1.5mの間隔で並べ，それを連続して直線的に跳び越えるのが基本的な動作である。

[注意点] 推進力となる脚を振り下ろす動作と，脚の動きとスムーズに連動した腕振り動作を意識する。万一転倒したときを考えて，安全な場所でおこなう。

①ステップハイニー：スピード

②ラテラルハイニー：スピード，バランス

膝を高く引き上げながら，ハードル間を1歩で速く走り抜ける。

身体をハードルに対して横向きにして，進行方向側の足だけ膝を高く引き上げて進む。

③２ステップハイニー：スピード，神経系機能

ハードル間を左右２歩のステップを踏んで速く走り抜ける。

④両足ジャンプ：パワー

ハードルを１台ずつジャンプして跳び越えながら速く前進する。

■■■❸クレイジーボールトレーニング

[**特　徴**] 表面に突起があり，不規則にバウンドをするボール（クレイジーボール，**図6-13**）を用いて，臨機応変にキャッチすることでSAQ能力の総合的な向上が期待できる。

[**注意点**] 視覚反応による爆発的なスタート動作や，すばやい動きを特に意識してドリルを実施する。

図6-13　クレイジーボール

①ワンバウンドパス：クイックネス，神経系機能

約４〜５m離れて向かい合い，一方が投げてワンバウンドしたクレイジーボールをすばやくキャッチする。

②フロントスロー：クイックネス，スピード

同じ方向を向いて前後に立ち，後ろの人が投げてワンバウンドしたクレイジーボールをすばやくキャッチする。

■■❹その他のトレーニング

[特　徴] 目印としてコーンを設置し，その間をさまざまなステップ動作等ですばやく移動する。
[注意点] 「方向転換」「切り換え」動作の際には，減速→停止→スタート加速を意識的におこなう。

①サイドステップ：敏捷性

サイドステップですばやく移動し，コーンにタッチし，すばやく切り返して戻る動作を繰り返す。コーンの距離3〜4m程度。

②ミラードリル（ラテラル）：クイックネス，スピード

2人向かい合って，相手の動きをもう一方が追いかける。相手の動きに対し，すばやく正確に対応する。コーン3個。

③カラーマーカー・タッチ

4色のカラーマーカーを4〜5mの間隔をとって正方形に配置する。中央の位置から，指示されたカラーのマーカーを素早くタッチし，元の位置に戻る。

＊これら以外にもアジリティディスクを用いたバランス能力を向上させるトレーニングやバイパーと呼ばれる弾力性の強いチューブを用いてのオーバースピードトレーニングなどバリエーションの豊富さもSAQトレーニングの特徴と言える。

［文　献］

• Dintiman, G. B. (1964) Effects of various training programs on running speed. Research Quarterly., 35(4): pp. 456-463.

• Kaneko, M. (1970) The relation between force, velocity and mechanical power in human muscle. Res. J. Physical Ed., 14(3): pp. 143-147.

• 金子公宥・渕本隆文（1981）腕屈筋の力・速度・パワーにおける性差と運動種目差．日本体育学会大会号，32（0）：p. 369.

• 金子公宥・渕本隆文・田路秀樹・末井健作（1981）人体筋の力・速度・パワー関係に及ぼすトレーニング効果．体力科学，30（2）：pp. 86-93.

• 金子公宥・末井健作・田路秀樹・淵本隆文（1983）瞬発力におよぼす筋トレーニングの効果．体育科学，11：pp. 24-30.

• 金子公宥（1988）パワーアップの科学―人体エンジンのパワーと効率―．朝倉書店.

• 川初清典・猪飼道夫（1972a）ヒトの脚パワーと力・速度要因：(I) 測定方法と力−速度およびパワーの関係について．体育学研究，16（4）：pp. 223-232.

• 川初清典・猪飼道夫（1972b）ヒトの脚パワーと力・速度要因（II）：力・スピード・パワーにおける個人特性について．体育学研究，17（1）：pp. 17-24.

• 中村好男（1987）アネロビックパワーからみたスポーツ選手の体力．J. J. Sports Sci., 6(11): pp. 697-702.

• 日本SAQ協会編（1999）スポーツスピード養成SAQトレーニング．大修館書店.

• 田路秀樹・末井健作・金子公宥（1987）垂直跳びのパフォーマンスにおよぼす複合トレーニングの効果．日本体育学会大会号，38B（0）：p. 624.

第7章

全身持久力アップのメカニズムと
トレーニング法

1. 全身持久力

●──全身持久力とは

　全身を使った運動を長く続けられる能力を全身持久力と言う。これは，呼吸循環器系を長時間にわたって一定水準以上に保ち，腕や脚など全身を活発に動かし続ける能力のことである。腕立て伏せや腹筋運動など一部の筋群を繰り返し収縮させる筋持久力とは異なる。陸上競技の長距離

図7-1　全身持久力の構成要素

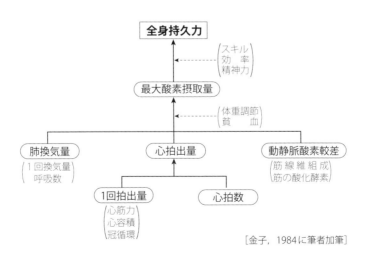

［金子，1984に筆者加筆］

走，マラソン，トライアスロン，ロードレースなどの自転車競技は，この全身持久力の高さが求められる。

全身持久力を構成している要因には，**図7-1**に示すように運動に必要な酸素を筋肉に送る機能（肺換気量，心拍出量など）とその酸素を消費する筋肉の機能（動静脈酸素較差）に加えて，実際におこなっている運動種目の効率，辛さに耐える意志力（精神力）などがある。したがって，高い最大酸素摂取量を備えていても効率や精神力が劣っていると，全身持久力を背景とした競技成績は低下する。また，体重移動を必要とする運動種目では，体重過多や酸素運搬機能を阻害する貧血も競技成績を低下させる要因である。

●──有酸素(エアロビック)運動とは

有酸素運動は，全身持久力を高める運動である。アメリカの軍医であったケネス・H・クーパー博士によって，有酸素運動は「長時間にわたって酸素を要求し，からだの酸素処理能力を向上させる運動」と定義された。有酸素的な効果が期待できる最もポピュラーな運動は，クロスカントリースキー，水泳，ジョギングもしくはランニング，サイクリング，ウォーキングの5つである（五大有酸素運動）。クロスカントリースキーは，日本では，降雪地域や山間部以外では実施することが難しいかもしれないが，夏場はローラースキーで代用することができる。

2. 全身持久力の指標

●──最大酸素摂取量($\dot{V}O_2\,max$)

全身持久力を代表する指標として最大酸素摂取量がある。最大酸素摂取量は$\dot{V}O_2\,max$として表され，Vは量（volume），O_2は酸素，maxは最大（maximum），そして「・」（ドット）は1分間あたりを示し，単位は絶対値（ℓ/分）と相対値（$m\ell$/kg/分；体重あたり）で表される。

これは心臓，肺，血管系の能力と酸素を消費する能力を統合したものであり，特に酸素を消費する能力は筋内における毛細血管密度，ミトコンドリアの数と大きさ，酸化酵素の量に依存している。つまり，最大酸素摂取量とは，1分間あたりで活動筋に対してどれだけ多くの酸素を供給し消費できるかという最大能力と定義される。

この能力を知る方法として直接法と間接法があり，直接法はトレッドミル（**図7-2**）や自転車エルゴメーター（**図7-3**）を用いて，疲労困憊（5〜15分程度）まで身体を追い込み，運動中の呼気ガスを採集して酸素摂取量の最大値を求める方法である。一方，間接法は12分間走，5分間走，1500m走，20mシャトルランなどの走行距離やその運動に要した時間から推定する方法である。一般成人男女の最大酸素摂取量の標準値は，男性が40〜50$m\ell$/kg/分（2.5〜3.0ℓ/分），女性が30〜40$m\ell$/kg/分（2.0〜2.5ℓ/分）であり，これがエリートレベルになると男性が70〜80$m\ell$/kg/分，女性が60〜70$m\ell$/kg/分と一般成人男女の1.5〜2倍に相当する。ちなみに絶対値の最高値はメキシコオリンピック金メダリストでドイツのボート選手が7.77ℓ/分，体重あ

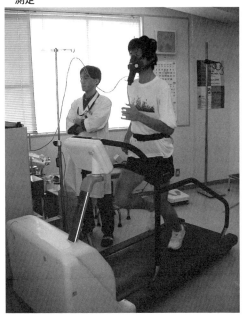

図7-2　トレッドミルを用いた最大酸素摂取量測定

図7-3　自転車エルゴメーターを用いた最大酸素摂取量測定

たりの最高値はノルウェーの距離スキーチャンピオンが94mℓ/kg/分であった。また女子マラソン元世界記録保持者ポーラ・ラドクリフ選手（2時間15分25秒）の17歳のときの最大酸素摂取量は72.8mℓ/kg/分，シドニーオリンピック女子マラソン金メダリストの高橋尚子選手の最大酸素摂取量は，大学3年生（21歳）のときに63.5mℓ/kg/分という値であった。

●──乳酸性作業閾値(Lactate Threshold; LT)

　血中乳酸は運動強度の増加によって直線的ではなく，指数関数的に増加する。そのため，ある運動強度を境にして急激な上昇を始めるポイントがあり，この境界（閾値；いきち）を乳酸性作業閾値と呼ぶ。このときの運動強度は一般人では50～60% $\dot{V}O_2$ max，持久的競技者では70～80% $\dot{V}O_2$ maxに相当する。

　もう少し高い運動強度としてOBLA（オブラ）がある。OBLAとは，onset of blood lactate accumulationの頭文字を取ったものであり，日本語訳をすると血中乳酸蓄積開始点と言う。このポイントは固定された数値であり，通常，血中乳酸が4.0mmol/ℓに相当する運動強度（80～95% $\dot{V}O_2$ max）を示している。陸上競技では3000m～マラソン，サッカーではゲーム中の移動距離と密な関係にある。LTが低～中強度で長く持続できる運動強度であるのに対して，OBLAは中～高強度で比較的短い持続時間となる。

　図7-4は血中乳酸の変化に伴う筋線維の動員割合を模式的に表したものである。運動強度の増加に伴って筋線維は，SO線維からFOG線維の動員が進み，さらに運動強度が増すにつれてFG線維が動員され血中乳酸も急激に増加する。血中乳酸はエネルギー基質として糖質の利用割合を示す一方で，筋線維組成の動員率を表す指標としても有効である。またトレーニングによって，この乳酸カーブは右側へシフトするが，トレーニングを中止すると左側へ逆戻りしてしまう。

図7-4 血中乳酸の上昇に伴う筋線維動員割合の模式図

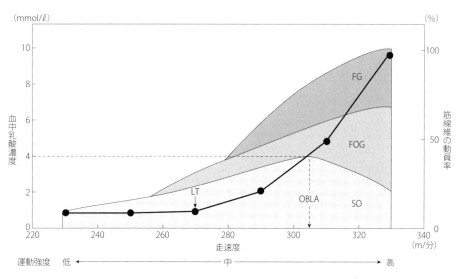

[Uebel, 1987に筆者加筆]

表7-1 最大酸素摂取量（mℓ/kg/分）に基づく体力評価基準値

年齢 （歳）	Very poor 非常に弱い	Poor やや弱い	Average 普　通	Good やや良い	Very good 非常に良い	Excellent 優れている	Super 非常に優れている
			男	性			
19	〜36.2	36.3〜40.1	40.2〜48.0	48.1〜51.9	52.0〜64.9	65.0〜74.9	75.0〜
20-24	〜35.2	35.3〜39.1	39.2〜47.0	47.1〜50.9	51.0〜64.9	65.0〜74.9	75.0〜
25-29	〜33.7	33.8〜37.6	37.7〜45.5	45.6〜49.4	49.5〜59.9	60.0〜69.9	70.0〜
30-34	〜32.2	32.3〜36.1	36.2〜44.0	44.1〜47.9	48.0〜52.5	52.6〜59.7	59.8〜
35-39	〜30.7	30.8〜34.5	34.6〜42.5	42.6〜46.4	46.5〜51.2	51.3〜58.4	58.5〜
40-44	〜29.1	29.2〜33.0	33.1〜40.9	41.0〜44.8	44.9〜49.8	49.9〜57.0	57.1〜
45-49	〜27.6	27.7〜31.5	31.6〜39.4	39.5〜43.3	43.4〜48.4	48.5〜55.6	55.7〜
50-54	〜26.1	26.2〜30.0	30.1〜37.9	38.0〜41.8	41.9〜47.1	47.2〜54.2	54.3〜
55-59	〜24.6	24.7〜28.5	28.6〜36.4	36.5〜40.3	40.4〜45.7	45.8〜52.9	53.0〜
60-64	〜23.0	23.1〜27.0	27.1〜34.9	35.0〜38.8	38.9〜44.3	44.4〜51.5	51.6〜
65-69	〜21.6	21.7〜25.5	25.6〜33.4	33.5〜37.3	37.4〜42.9	43.0〜50.1	50.2〜
70-	〜20.1	20.2〜24.0	24.1〜31.9	32.0〜35.8	35.9〜41.6	41.7〜48.8	48.9〜
			女	性			
19	〜29.8	29.9〜32.6	32.7〜38.2	38.3〜40.9	41.0〜52.9	53.0〜59.9	60.0〜
20-24	〜28.7	28.8〜31.4	31.5〜37.0	37.1〜39.7	39.8〜52.9	53.0〜59.9	60.0〜
25-29	〜27.0	27.1〜29.7	29.8〜35.3	35.4〜38.0	38.1〜50.9	51.0〜57.9	58.0〜
30-34	〜25.3	25.4〜28.0	28.1〜33.6	33.7〜36.3	36.4〜40.9	41.0〜46.9	47.0〜
35-39	〜23.6	23.7〜26.3	26.4〜31.9	32.0〜34.7	34.8〜39.4	39.5〜45.4	45.5〜
40-44	〜21.9	22.0〜24.7	24.8〜30.2	30.3〜33.0	33.1〜36.9	37.0〜42.9	43.0〜
45-49	〜20.2	20.3〜23.0	23.1〜28.5	28.6〜31.3	31.4〜35.4	35.5〜41.4	41.5〜
50-54	〜18.5	18.6〜21.3	21.4〜26.9	27.0〜29.6	29.7〜32.9	33.0〜38.4	38.5〜
55-59	〜16.8	16.9〜19.6	19.7〜25.2	25.3〜27.9	28.0〜31.4	31.5〜37.9	38.0〜
60-64	〜15.2	15.3〜17.9	18.0〜23.5	23.6〜26.2	26.3〜29.4	29.5〜35.4	35.5〜
65-69	〜13.5	13.6〜16.2	16.3〜21.8	21.9〜24.5	24.6〜26.9	27.0〜33.9	34.0〜
70-	〜11.8	11.9〜14.5	14.6〜20.1	20.2〜22.8	22.9〜24.9	25.0〜31.9	32.0〜

[小林，1982]

そのため身体の状態を敏感に表すことからコンディショニングやトレーニング効果を把握するより良い指標とされている。

3. 全身持久力の評価方法

●──最大酸素摂取量による評価方法

最大酸素摂取量は，10代後半から20代前半をピークに加齢とともに減少する。最大酸素摂取量の減少率は，1年間におよそ1.0～1.5％であり，そのおもな要因として活動量の低下があげられる。

最大酸素摂取量の大きさを知ることは，個々の体力レベルを把握することにもつながり，トレーニング処方の作成にも役立つ。そこで表7-1に最大酸素摂取量の評価表を示した。

●──持久走テストによる評価方法

持久走テストとして5分間走，12分間走，1500m走，20mシャトルランなどがある。5分間走，12分間走は，決められた時間内にどれだけの距離を走ることができるのかを評価するテストである。

表7-2　12分間走（m）テスト評価表

	18～29歳	30～39歳	40～49歳	50～59歳	60歳～
			男　　性		
高　　い	3200～	3100～	3000～	2900～	2800～
やや高い	2800～3199	2700～3099	2600～2999	2500～2899	2400～2799
ふ つ う	2400～2799	2300～2699	2200～2599	2100～2499	2000～2399
やや低い	2000～2399	1900～2299	1800～2199	1700～2099	1600～1999
低　　い	～1999	～1899	～1799	～1699	～1599
			女　　性		
高　　い	2600～	2400～	2300～	2200～	2100～
やや高い	2300～2599	2100～2399	2000～2299	1900～2199	1800～2099
ふ つ う	2000～2299	1800～2099	1700～1999	1600～1899	1500～1799
やや低い	1700～1999	1500～1799	1400～1699	1300～1599	1200～1499
低　　い	～1699	～1499	～1399	～1299	～1199

［体育科学センター，1983］

表7-3　大阪体育大学男女学生における5分間走および12分間走（m）テスト評価表

	5分間走		12分間走	
	男　子 (n=251)	女　子 (n=234)	男　子 (n=258)	女　子 (n=236)
高　　い	1554～	1361～	3409～	2934～
やや高い	1404～1553	1244～1360	3020～3408	2642～2933
ふ つ う	1254～1403	1127～1243	2631～3019	2350～2641
やや低い	1104～1253	1010～1126	2242～2630	2058～2349
低　　い	～1103	～1009	～2241	～2057

［大阪体育大学生による評価表］

表7-4　5分間走，12分間走，20mシャトルランの結果から求める最大酸素摂取量（㎖/kg/分）の推定式

12分間走	$Y = 0.021X_1 - 7.24$ ［体育科学センター，1983］
5分間走	$Y = 0.037X_1 + 8.88$ ［豊岡，1980］
20mシャトルラン	$Y = 0.225X_2 + 26.0$ ［文部科学省，2000］

Y：最大酸素摂取量，X_1：走行距離（m），X_2：折り返し数（回）

表7-2は体育科学センターにおける12分間走テストの評価表であり，表7-3は筆者が作成した5分間走および12分間走テストの評価表である。また5分間走，12分間走，20mシャトルランの結果から最大酸素摂取量を求める推定式を表7-4に示した。

4. 全身持久力を高めるトレーニング法とその効果

　アスリートは，競技種目に必要と考えられる能力を向上させるためのトレーニング法を実践しなければいけない。そこで全身持久力を高めるための代表的なトレーニング法として，持続性トレーニング，ファルトレクトレーニング，インターバルトレーニング，レペティショントレーニング，ヒルトレーニング，トレッドミルトレーニング，サーキットトレーニング，体脂肪燃焼トレーニングの8つを紹介する。

●──持続性トレーニング（endurance training）

　持続性トレーニングとは，一定の運動強度を持続しておこなうトレーニング法である。

　持続性トレーニングでは，ゆっくり長く距離を走り込むL. S. D（long slow distance）やレースペースなど実践に近い運動強度を持続するトレーニングなどがある。

　ランニングの場合，同じスピードを持続することで，最大酸素摂取量の向上，グリコーゲンの貯蔵能力と脂肪利用効率の改善，乳酸産生と除去能力の改善，体温調節能力の向上が期待できる。

　豊岡（1985）は，運動強度と時間の関係の目安について，50〜60% $\dot{V}O_2$ maxで120〜240分間，70〜80% $\dot{V}O_2$ maxで90〜180分間，80〜90% $\dot{V}O_2$ maxで60〜90分間と述べている。一般人を対象にした運動処方としてアメリカスポーツ医学会（2011）では，有酸素運動を中〜高強度で，1日20〜30分以上，週3〜5日おこなうことを推奨している。また少なくとも1回10分以上の運動を断続的に実施し，合計運動時間が1日の運動推奨時間に達すれば連続的運動に代用し得る効果が期待できる。したがって，トレーニングの初期は，短い時間を何度か繰り返しながらおこない，身体がその負荷に慣れてくれば次第に運動時間や運動強度を調節して実践していけばよい。

●──ファルトレクトレーニング

　ファルトレクトレーニングとは，自然環境のなかでさまざまな地形を利用して，スピードを変化させながら走るトレーニング法である。ファルトレク（fartlek）とはスウェーデン語の「ペー

ス（fart）で遊ぶ（lek）」を意味し，英語では「スピードプレイ（speedplay）」と訳す。ファルトレクトレーニングはスウェーデンの陸上競技のナショナルコーチであったゴスタ・ホルマー（Gösta Holmér）によって1937年に開発されたトレーニングである。もともとスウェーデンの軍隊のトレーニングの一部であったものを，ホルマーが，当時フィンランドの英雄であった金メダリストのパーヴォ・ヌルミ（Paavo Nurmi）を打ち負かそうとして，スウェーデンのクロスカントリーチームに取り入れたトレーニングである。

　今でこそファルトレクトレーニングは，「遊びながら楽しみながら走る」，「走ることを子どもの頃のような楽しい遊びにする」など，遊びの要素が含まれているが，ホルマーが最初に考えたファルトレクトレーニングは「レースペースよりも速く，スピードと持久力を同時にトレーニングできるもの」というコンセプトのもとで開発された。

　ファルトレクトレーニングは，道路やトラックでの持続走やインターバル走のような運動と休息の形式的で単調な繰り返しではなく，スピードのコントロールは自由で，ときにはウォーキングを交えるなど，遊びの要素も含めながら長時間走り続けるのが特徴である。また，走る環境は，森や林，ビーチや道路，ゴルフ場やサッカー場の周り，砂丘や丘の起伏，平らな地面やトラックなど自分の好みで選択できることもこのトレーニングの魅力である。ファルトレクでは，トレーニングする人がそのとき「どう感じるか」をもとにトレーニングを決定する。これはRPE（主観的運動強度）をもとに運動強度を設定することに似ている。ファルトレクトレーニングの内容は，持続走やインターバル走，ヒルトレーニングやスプリント走，ジョギングやウォーキングなど多種多様なトレーニング方法が含まれ，次々に展開していく複合的なトレーニングとも言える。ホルマーが考案したファルトレクの一例を以下に示しておく。

1）5〜10分のジョギング（ウォームアップ）

2）1.5〜2.5kmの速いランニング（レペティション）

3）約5分間の速いウォーキング（リカバリー）

4）少し疲れるまで50〜60mのスプリント走を交えてのジョギング（ショートインターバル）

5）ジョギングのなかに3〜4回スピードアップ（別のランナーに追い越されるのを防ぐために突然スピードアップをシミュレート）

6）175〜200mの上り坂全力疾走

7）1分間の速いランニング

8）その後，トレーニングスケジュールに規定された時間まで，全体のルーチンを繰り返す

●──インターバルトレーニング

　インターバルトレーニングとは，運動と不完全休息を交互に繰り返すトレーニング法である。

　Daniels（2005）によるとインターバルトレーニングは最大酸素摂取量を刺激することのできるトレーニングでもあり，また持続的なトレーニングを1回おこなうよりも断続的なトレーニングを繰り返すほうが，より強い刺激を身体に与えることができるとも述べている。

　インターバルトレーニングの運動強度は95〜100% $\dot{V}O_2$ max あるいは98〜100% HRmax の間でおこなう。1回の運動時間は30秒間〜5分間であり，なかでも3〜5分間が理想的とされている。なぜなら，運動開始2分間は，最大酸素摂取量に達するまでに要する時間であり，次の

図7-5　ロング・インターバルトレーニングにおける最大酸素摂取量の出現時間について

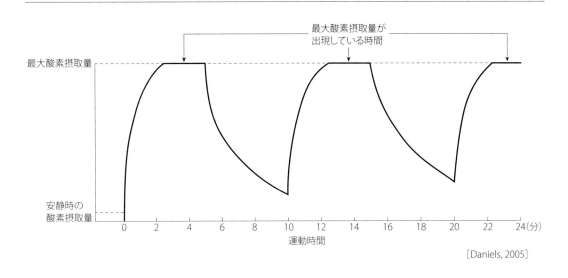

[Daniels, 2005]

図7-6　ショート・インターバルトレーニングにおける最大酸素摂取量の出現時間について

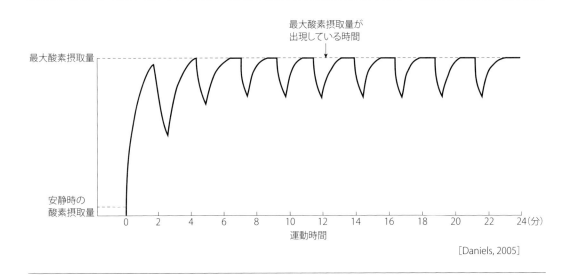

[Daniels, 2005]

3分間が最大酸素摂取量を刺激している時間になるからである（**図7-5**）。休息時間はアクティブリカバリー，すなわちジョギングやウォーキングのような低強度の運動によって常に身体を動かし続けることである。その結果，運動中に産生された血中乳酸が除去され，酸素摂取量が高い状態で次の試行に移れ，早い段階で最大酸素摂取量に到達することができる。休息時間の長さは運動時間と同じか，それよりも短い時間にするとよい。1回におこなうインターバルトレーニングの量は，10kmあるいは30分を上限にすることが目安となる。

　図7-6は400mのインターバルトレーニングを80秒のペースで走った場合の酸素摂取量の変化を示したものである。400mを1本だけ走ったのでは，最大酸素摂取量に達する時間は不足し

表7-5 トレーニング距離を基準にインターバルトレーニングを作成するための指針

主要エネルギー供給系	トレーニング距離（m）	1セットあたりの走行回数	セット数	全走行回数	走行時間と休息時間の比率	休息方法
ATP-CP（ダッシュ）	50	10	5	50	1：3	歩行や柔軟体操
	100	8	3	24		
ATP-CP, 解糖（無）（スピード）	200	4	4	16	1：3	歩行やジョギング
	400	4	2	8	1：2	
解糖（無，有）（スピード持久力）	600	5	1	5	1：2	歩行やジョギング
	800	2	2	4	1：1	歩行や柔軟体操
酸化（スタミナ）	1000	3	1	3	1：1/2	歩行や柔軟体操
	1200	3	1	3	1：1/2	

※「無」とは無酸素的解糖，「有」とは有酸素的解糖を意味する。
※走行時間と休息時間の比率は，走行時間を1とすると休息時間はその3倍（ATP-CPの場合）が必要である。

[Fox and Mathews, 1974に筆者加筆]

表7-6 インターバルトレーニングの特性

種類	生理学的ねらい 有酸素	無酸素	スピード	強度とその設定方法	走行距離と休息時間
A 主として有酸素的能力の改善	60%	30%	10%	走行直後の脈拍数は約180拍/分，走行前の脈拍数が120～140拍/分になるようにする。	走る距離が ●100m，200mの場合 5～10m助走での全力走タイムに＋4～6秒（100m），＋6～8秒（200m）。もし200mが26秒であれば，32秒で走ることになる。 ●400mの場合 各種目の目標とするタイムの400mあたりの平均レースペースに4～6秒を加える。もし5000mの目標タイムを15分とするならば，72秒に4～6秒を加えて，76～78秒で走ることになる。	●短い距離を用いる場合 100～400m，ランニング時間と休息時間は1:3とする。200mを30秒とするならば，休息ジョグは90秒となる。 ●長い距離を用いる場合 800～2000m，ランニングと休息時間の比は1：0.5～1：1。
	70%	10%	20%	脈拍数はランニング中とジョギング中で大きな差なし，約140～170拍/分。	ダッシュは全力に近く（インターバル・スプリント）	50mダッシュと50mジョグを交互に繰り返して5000mを走る。
B 主として無酸素的能力の改善	20%	50%	30%	走行直後の脈拍数は180拍/分以上，走行前の脈拍数が140拍/分以上になるようにする。	●100m，200mの場合 5～10m助走での全力走タイムに＋1.5～2.5秒（100m），＋3～5秒（200m）。もし100mが12秒であれば，13.5～14.5秒で走ることになる。 ●400mの場合 各種目の目標とするタイムの400mあたり平均レースペースから1～4秒を減ずる。もし5000mの目標タイムを15分とするならば，72秒から1～4秒を減じて，68～71秒で走ることになる。	●短い距離を用いる場合 100～400m，ランニング時間と休息時間は1:3～1：4。200mを26秒とするならば，200mジョグは78～104秒となる。 ●長い距離を用いる場合 800～2000m，ランニングと休息比は1：0.5～1：1。

[豊岡，1984に筆者加筆]

ているが，休息を短くして繰り返すことで不完全休息となり，疾走時の早い段階で最大酸素摂取量に達するようになっていることがわかる。つまり，短い疾走と短い休息を繰り返すことでも，かなりの時間，最大酸素摂取量が出現している状態で走ることができるのである。

インターバルトレーニングを構成するにあたり，トレーニング時間（距離）と強度，反復回数，休息時間，休息方法およびトレーニング頻度という5つの要素を効果的に組み合わせることが必要である。

表7-7 変形インターバルトレーニングの種類と具体例

走る距離		種類		具体例	レース条件に対応するねらい
同じ距離	1	セット型	1セットで走る回数を5～6回にして，2～3セット繰り返す。	(200m〈200m Jog〉×5回)×3～5セット セット間は約5分，歩行や体操	試合でスタミナのないランナー向き。予選，準決，決勝を考えると3セット必要。
	2	クレッシェンド型※	a)走るスピードを1回ないし数回ごとに高めていく。	(200m〈200m Jog〉×10回)×1～3セット ①②32秒，③④30秒，⑤⑥29秒，⑦⑧28秒，⑨⑩全力	レース後半のスピード低下が著しいランナーは特に用いる必要大。無酸素的能力を高めるにはこの方法が最善。
			b)休息ジョグの距離を徐々に短くする。	走る速度は一定 ①②200m Jog，③④150m Jog，⑤⑥100m Jog，⑦-⑨50m Jog	
	3	アクセント型	あらかじめ決めた反復回数のなかで，走るスピードに変化をつける。	400m(200m Jog)×15回（400m70秒を目標） ㋑1～5回目スピードアップ： 66秒×5，70秒×10 ㋺6～10回目スピードアップ： 70秒×5，66秒×5，70秒×5 ㋩11～15回目スピードアップ： 70秒×10，66秒×5 スピードアップの回数以外はイーブンペース	レースの前半から離れるランナーは㋑，中だるみをするランナーは㋺，後半低下するランナーは㋩を多用する。
	4	スプリント スパート }型	ランニングタイムは決めておく。走距離の途中の20～30mを2～3回全力でスピードアップする。	200m(200m Jog)×10回（30秒を目標） ダッシュ ダッシュS ダッシュG	レースの途中でスパートしたり，ゆさぶりに耐える能力を身につける。
距離を変える	1	長→短型	1回ごとに走る距離を変えて変化をつける。短い距離は長い距離よりスピードを増す。	(400m〈68秒 200m Jog〉－200m〈30秒 200m Jog〉)×10回 (1000m〈3分 400m Jog〉－200m〈32秒 400m Jog〉)×8回	トレーニングの単調さを避ける。走タイムを変えることによりクレッシェンド型に変えられる。
	2	短→長型		200m(30秒 200m Jog)－300m(48秒 200m Jog)－400m(70秒 400m Jog)×10回	

※音楽用語でだんだん強くの意味。 [豊岡, 1984]

　トレーニング時間（距離）の選定は，どのエネルギー供給システムを高めるかということによって変わってくる。種々のスポーツ活動に対するインターバルトレーニングの処方は，まず，その活動の主要エネルギー供給システムを把握し，トレーニング時間（距離）を決めることから始める。各エネルギー供給システムと運動時間との関係は第2章の表2-3を参照するとよい。休息時間は，ラインデルとゲルシュラーが強調した休息期の長さが参考になる。彼らは休息期の終わりに心拍数が120～140拍/分になるような時間，すなわち45～90秒が休息時間として適当であるとしている。その理由は，この心拍数のときが1回拍出量の最大値を示しているからである。1回拍出量は心臓の1拍動あたりで押し出される血液量のことであり，心拍数が約120拍/分以上でほぼ最大となる。したがって，120拍/分以上をキープするインターバルトレーニングは休息期に入っても心臓の働きを最大に保っており，この刺激が酸素運搬系の能力を高めると考えられている。

　もし心拍数を計ることが煩わしい場合は，**表7-5**に示した運動と休息の時間比を利用すると便利である。

　豊岡（1984）が陸上競技の中長距離選手らを対象に，有酸素的能力および無酸素的能力の改善を意図して作成したインターバルトレーニングの処方例を**表7-6**に，そして実際のレース場面や選手の弱点の矯正，トレーニングへの意欲を加味した変形インターバルの処方例を**表7-7**

図7-7　インターバルトレーニングのエネルギー供給システムが改善された割合

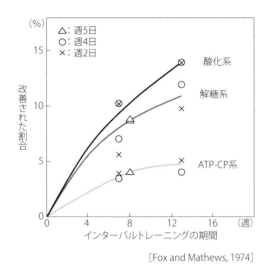

[Fox and Mathews, 1974]

に示した。これらの処方例を参考に，競技特性に合わせたインターバルトレーニングを立案するとよい。

　インターバルトレーニングの効果を高めるには，週2〜3日以上の頻度で実施することが望ましい。Foxら（1974）によると一般人に種々のインターバルトレーニングを課すと，7〜8週間で効果が現れ，3つのエネルギー供給システムが3〜10%改善したという（**図7-7**）。トレーニング期間の延長はトレーニング効果の割合をさらに高め，頻度が高くなると，その改善幅は大きくなったとも報告している。インターバルトレーニングによって得られた効果を維持するためには，週1回のトレーニングでも十分である。週3日のトレーニングを8週間実施したあと，トレーニング頻度を週1回に減らして16週間後の変化をみると，一定の最大下運動での血中乳酸濃度は，週1回のトレーニングでもほぼ同じ値が保たれた。ただし，週1回のトレーニングは8週間のトレーニングの最後に行った内容と同じかそれに近いものでなければならず，一定の期間で交互に繰り返すことが推奨されている。

　このような結果は，どのようなスポーツにも応用することができる。つまり，シーズン制のある競技であればシーズン前の7〜8週間，週3回のトレーニングをおこなえば，その後，週1回に頻度を減らし，専門種目の内容を増やしても，インターバルトレーニングによって得られた効果はある程度維持されるということになる。シーズン制のスポーツは，このような点に注意を払ってトレーニングすることが必要であろう。

●──レペティショントレーニング

　レペティショントレーニングとは，あらかじめ設定された全力あるいはそれに近い状態の強度で運動し，疲労が十分に回復するまで休息をとり，ふたたび，前回と同じレベルで運動を繰り返すトレーニング法である。

最大酸素摂取量の改善を目的としたレペティショントレーニングの運動強度は，最大酸素摂取量が出現する速度（v$\dot{\mathrm{V}}\mathrm{O}_2$ max）で実施することである。しかしながら，v$\dot{\mathrm{V}}\mathrm{O}_2$ maxより毎分20〜50m速度を低下させても最大酸素摂取量は出現する。したがって，運動中に最大酸素摂取量が現れる最も低い強度でトレーニングするほうが，疲労も少なく，反復回数を増やすことが可能になる。

　レペティショントレーニングの運動時間は，ウォーミングアップの程度や強度にもよるが，最大酸素摂取量が出現する約3分以上かつ15分以下が望ましい。3分以下では，酸素摂取量はピークに達しないし，15分以上持続できる強度では，最大値が運動中に出現しない。距離に換算すると1000〜4000mとなる。

　休息時間は，各個人が蓄積した乳酸を除去する能力や，用いたトレーニング距離（時間）にもよる。蓄積した乳酸の大部分が除去されるのに20〜30分以上を要するので，次の運動の速度を低下させないためには，この程度の時間を回復期にあてることが必要となる。休息方法として血中乳酸が最も速く除去される強度は，最大酸素摂取量の50〜70%であることが明らかになっている。全力疾走後，数分してから，この程度の強度でジョギングすることも，乳酸除去の観点からは必要である。また心拍数の値からみた必要な休息時間は，毎分100〜120拍以下になるまでが1つの目安とされる。

　反復回数は，個人の体力レベル，コンディション，シーズンの時期によって異なるが，2〜5回は必要である。

　レペティショントレーニングは，試合で要求されるのと同じ負荷を課すことができ，また，各専門種目に合わせて，ねらいとするエネルギー供給システムを高めることができる。インターバルトレーニングとの違いは強度，休息，時間の長さと方法および反復回数にある。

図7-8　レペティショントレーニングとインターバルトレーニングにおける血中乳酸濃度の変動

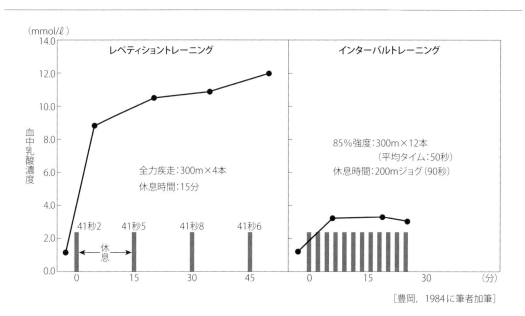

［豊岡，1984に筆者加筆］

図7-8に，実際のトレーニング場面でよく用いられる両トレーニング法の典型例を示す。レペティショントレーニングは，300mを全力疾走し，約15分間の休息を挟んで4回繰り返す方法である。一方，インターバルトレーニングは300mのベストタイム（41秒2）の約85%（49〜50秒）で12回走行し，その間のインターバル（200m）を90秒でジョギングする方法である。解糖系からのエネルギー供給を示す血中乳酸濃度はレペティショントレーニングの場合，回数が増えるにつれて徐々に増加し，4回目に最大値に達している。インターバルトレーニングでは3本目以降は約3mmol/ℓ であり，低い濃度での定常状態が見られる。この結果は，レペティショントレーニングがエネルギー供給システムのうち解糖系を刺激している一方，インターバルトレーニングは，代謝が有酸素的におこなわれていることを表している。すなわち，同じ300mという距離を用いた2つのトレーニングを実施しても，その強度と休息状態が異なるとトレーニングの目的は全く相対したものになることを示している。レペティショントレーニングは全力を尽くすような運動を数回繰り返すことによって，無酸素的および有酸素的エネルギー供給，そして辛さに耐える意志力などインターバルトレーニング以上の負荷刺激を課すことができるのである。

●──ヒルトレーニング

　ヒルトレーニング（図7-9）を考案したのは，ニュージーランドのコーチであるアーサー・リディアードである。ヒルトレーニングは，大腿四頭筋の強化をはじめ，スピードを高めるために必要な要素を効率よく身につけることをねらいとしたトレーニング法である。また，ヒルトレーニングは，スピードやパワーを強化するためのウエイトトレーニング，柔軟性を身につけるストレッチング，フォームの改善を図るドリル，さらに無酸素的能力を改善するランニングを一度に，時間を有効に使いながらできるトレーニングでもある。ただし，このトレーニングを始める前には有酸素的能力を十分に高めておく必要がある。しっかりと有酸素的能力の基盤ができていると，

図7-9　ヒルトレーニングを
おこなう選手たち

図7-10 ヒルトレーニング

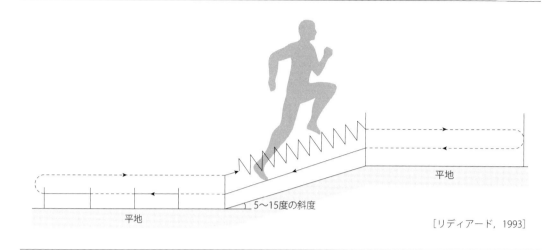

5〜15度の斜度

平地

平地

［リディアード，1993］

スピード練習など無酸素的なトレーニングへスムーズに移行することができる。

　ヒルトレーニングは，5度から15度の傾斜で少なくとも300mは続く坂でおこなうことが理想とされている（**図7-10**）。ヒルトレーニングの原点を説明すると，400〜800m（傾斜5〜10%）の長さの上り坂（芝生が理想的）を母指球でキックして，弾みながら（バウンディング）上がっていく。頂上に達したらゆっくりジョギングして下る。スタート地点に戻ったら，平坦な200mの距離をリラックスして3〜4回走り，ふたたびヒルに挑むという内容を1回あたり5〜12kmの走行距離を設定しておこなうというものである。

　ヒルトレーニングの効果として，心肺機能の向上，腓腹筋，大腿四頭筋，ハムストリングスなどの筋力アップによる膝周辺の障害予防，大きな腕振りや膝上げなどによるストライド長の獲得に伴うフォームの改善などが期待できる。

　ヒルトレーニングの具体例を以下に示した。

1) 30〜100mの短い急坂を用いたヒルトレーニングでは，上り坂を速いスピードで駆け上がり，ジョギングやウォーキングでつなぎながら繰り返す。これはスプリント能力を高める効果をねらいとしている。

2) 300〜600mの距離で中等度の傾斜を用いたヒルトレーニングは，先ほどのヒルトレーニングの原点を模倣してもよいし，アレンジしても構わない。この距離の場合は，3〜5回，ランニングのリズムとフォームを意識しておこなうようにする。

3) ロングヒルトレーニングは1周3〜5kmの周回路にダラダラとした上り坂があれば，その坂を若干スピードアップしたヒルトレーニングとして利用することができる。注意すべき点は，ロングヒルトレーニングの目的は，ランニング経済性の改善であり，上り坂での不必要ながんばりによる力みや意識的なスピードアップを控えることである。あくまでもリラックスして走ることが必要である。

●──トレッドミルトレーニング

　屋内でおこなえるトレーニング法として，トレッドミルを用いたランニングやウォーキングがある。トレッドミルはスピードや傾斜を自在に変更できるという利点があり，特に傾斜をつけたトレーニングは，屋外でのヒルトレーニングに相当する。しかもヒルトレーニングでは，坂を上った後に下らなければならないが，トレッドミルであれば，傾斜をつけたランニング後は休息をとり，その後に再開することができる。そのため下り坂による脚へのダメージの心配がなくなる。

　トレッドミルにおけるランニングは，屋外のように風抵抗がないため，水平の状態で走った場合同じスピードの平地よりもエネルギー消費量が少なくなる。もしトレッドミルで屋外と同じスピードでのトレーニングをおこないたいのであれば，傾斜を1〜2%つけることである。傾斜をそのままにして速度で調整する場合は，屋外で走るよりも分速20m速くするとよい。

●──サーキットトレーニング

　サーキットトレーニングの理論は，英国リーズ大学のモーガンとアダムソンによって確立された。

　彼らは「サーキットトレーニングとは，筋肉や循環機能の漸進的発達を目的とするものである」と定義している。すなわち，サーキットトレーニングは，総合的な体力づくりのためのトレーニングであり，筋力，筋パワー，敏捷性，全身持久力の向上を目的としたオールラウンドなトレーニング法である。

　サーキット（circuit）とは巡回を意味し，サーキットトレーニングは6種目から12種目で構成された一連の運動種目を休息なしに3巡回するトレーニングである。

　サーキットトレーニングはウエイトトレーニングと似ているが，以下の点で異なる。

1) 種目と種目の間に休息をとらない。これは筋力のみならず持久力の養成にも役立つ。

2) 負荷がウエイトトレーニングよりも軽い。ウエイトトレーニングでは最大筋力の2/3以上の負荷を用いるのに対して，サーキットトレーニングでは30〜60秒で何回の反復が可能かを測定して負荷を決める。そしてこの負荷は一般に最大筋力の1/2に相当する。したがって，サーキットトレーニングでは，比較的軽い負荷でなるべくスピーディーに反復することから，筋パワーの向上に役立つ。

3) トレーニング効果を所要時間で判定する。トレーニングによって筋力・持久力およびスピードが改善すれば，所要時間が短縮し，その効果が把握できる。

　以上のように，サーキットトレーニングはウエイトトレーニングの方法を多少変化させることによって，筋力のみならず，筋パワー，スピード，持久力などを同時に鍛えることができるトレーニング法である。

　実際にサーキットトレーニングを処方するときの運動種目は，全身の筋肉を使うように選択する必要がある。また，筋疲労でトレーニングを中止しないように，同じ筋肉の連続を避けて種目を配列しなければならない。

　運動強度は，一定の時間（30〜60秒）内に運動の最高反復回数を測定し，その半分の回数をトレーニングで用いる。種目によって最大限何回できるかを測定し，その半分でトレーニングす

る場合もある（例えば，懸垂運動など）。

　運動時間は種目と種目の間に休息を入れずにスピーディーに巡回して，原則として3巡回おこ
ない，最低でも5分間，最高で30分間おこなうようにする。

　トレーニング効果の判定は，最初のトレーニングに要した時間を測定しておき，その後トレー
ニングによって所要時間がどう変化するのかを比較する。一般的に，最初の所要時間の80％に
達した時点で，負荷強度を増すためにふたたびテストをおこなう。また，ほとんど変化がみられ
ないときは，種目を変えてみる。

　トレーニング頻度としては，オフシーズン中は週3回実施するとよい。

　サーキットトレーニングの特徴として，以下のことがあげられる。

1) どの種目からスタートしてもよく，多人数で比較的場所の狭いところでも一斉に実施できる。

2) 個人の体力に合わせて負荷（運動回数）を決定するため，負荷が低すぎたり，高すぎたりする
　ことが少ない。また体力の低い者も高い者と同時にしかも同じ所要時間でおこなうことができ
　る。これにより体力の低い者に劣等感を起こさせずにモチベーションを高めることができる。

3) 個人が各運動の動作とその反復回数を覚えておけば，指導者がいないときでも自発的にトレー
　ニングをおこなうことができる。トレーニングの効果が所要時間の短縮として表れるので，ト
　レーニング実施者や指導者が容易に把握できる。

4) 次々に種目が変化し，また，所要時間の短縮が目標となるので，飽きずに興味をもって実施で
　きる。

●──体脂肪燃焼トレーニング(Fat Burning)

　種々の速度でジョギングやランニングをおこなった場合に1kmあたりに要するエネルギー消
費量は，体重1kgあたり1kcalであり，ウォーキングの場合はその半分である。つまり，ヒトは
1km移動するために自身の体重分のエネルギーを消費することになり，体重60kgのヒトであれ
ば1km走ると60kcal，歩くと30kcal消費する。これは非常に簡便にエネルギー消費量を求める
計算式である。しかし，エネルギー消費量がわかっても，この計算式ではエネルギー源が炭水化
物か脂肪かまではわからない。

　運動時のエネルギー源は，一般的に食事で摂取する炭水化物，脂肪，たんぱく質の三大栄養素
である。これら1gあたりのエネルギー消費量は，炭水化物4.0kcal，脂肪9.0kcal，たんぱく質
4.0kcalであり，これをアトウォーター係数と呼ぶ。運動中のエネルギー消費量としてたんぱく
質は無視できる量であり，その大半は炭水化物と脂肪から利用されるが，常に同じ割合で燃焼（酸
化）するとは限らない。炭水化物と脂肪が燃焼する割合は，呼吸によって体内に取り入れた酸素
の量と排出される二酸化炭素の量の比，すなわちRER（呼吸交換比）で知ることができる。こ
れを間接熱量測定法という。RERは燃焼する栄養素によって異なり，炭水化物のみの燃焼では
1.00，脂肪のみでは0.70となり，炭水化物と脂肪の燃焼の割合によって決まってくる。運動と
RERに関する研究から，運動時に体内で利用されるエネルギー源は摂取される栄養素に大きく
左右される一方，運動の強度と持続時間，個人の持久的能力によって影響を受けることが明らか
にされている。

　運動中の脂肪の酸化率を決定する最も重要な要素の1つは運動強度である。炭水化物の酸化率

図7-11　運動強度と脂肪酸化量の関係

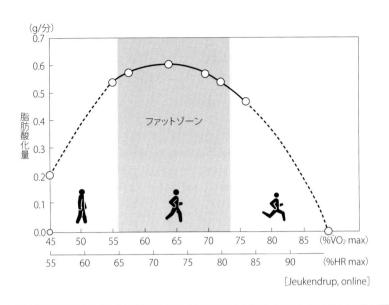

[Jeukendrup, online]

は運動強度に比例して増加する。しかし，脂肪の酸化率は低強度から中強度になるにつれて増加し，運動強度が高くなるとふたたび減少する（**図7-11**）。そのため，従来は脂肪を燃焼させるためには低強度で運動することがよいとされてきた。しかし，最近の研究によって「Fatmax」と呼ばれる最大脂肪酸化量（maximum fat oxidation：MFO）の運動強度あるいはゾーンが定義された。これは最大脂肪酸化量の±5 ～ 10% $\dot{V}O_2$ maxあるいは心拍数の±10 ～ 15拍/分の範囲以内（ゾーン）の運動強度であれば，MFOと同じぐらい脂肪の酸化が高くなるというものである。ただし，20%以上も強度を逸脱すると脂肪の酸化は急速に低下することにも注意したい。MFOは鍛錬者で62 ～ 63% $\dot{V}O_2$ maxまたは70 ～ 75% HRmaxの運動が最適な強度であるのに対して，非鍛錬者は50% $\dot{V}O_2$ max程度であるという。しかし，MFOは個体間差が大きく，鍛錬者でも70% $\dot{V}O_2$ maxや45% $\dot{V}O_2$ maxで生じることもある。最大脂肪酸化量は鍛錬者で0.5 ～ 0.6g/分，非鍛錬者で0.2 ～ 0.3g/分である。

　図7-12は3つの異なる運動強度で60分間のウォーキングをおこなった場合の炭水化物と脂肪のエネルギー消費量を示している。運動強度が高くなると当然，歩行距離は長くなり，エネルギー消費量も多くなる。しかし，そのエネルギー消費量の増加分の大半は炭水化物であり，脂肪燃焼にはあまり影響がない。運動強度が高くなるにつれて脂肪の燃焼（絶対値）も増えるが，エネルギー消費量に対する割合，すなわち燃焼比率（相対値）は減少する。

　食事も運動中の脂肪の酸化率を決定する要素の1つである。炭水化物が多い食事は脂肪の酸化を抑制し，炭水化物が少ない食事は脂肪の酸化率を高める。運動の数時間前に炭水化物を摂取すると，インスリンが上昇し，その後の脂肪の酸化を最大35%前後まで抑制する。この脂肪酸化に対するインスリンの効果は食後6 ～ 8時間も続くことがあり，一晩絶食をした後が最も高い脂肪燃焼が得られることを意味している。

図7-12　3つの運動強度での60分間ウォーキングのエネルギー消費量

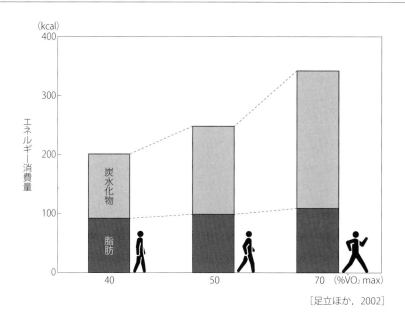

[足立ほか，2002]

図7-13　3条件における60分間ジョグの炭水化物と脂肪の燃焼比率の比較

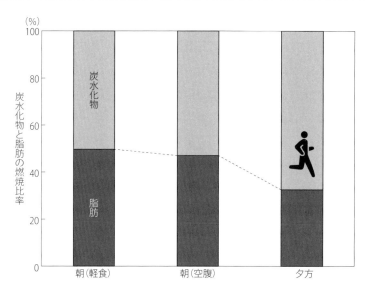

[豊岡ほか，1995のデータをもとに作図]

　図7-13は，昼食4時間後（夕方条件）と夕食から12時間の空腹状態および運動直前に軽食（バナナとヨーグルト）を摂った場合（朝条件）の炭水化物と脂肪の燃焼比率を示している。学生は昼食4時間後から部活動をおこなうことが多い。また朝練は，夕食後から空腹状態あるいは直前に軽食を摂って実施しているだろう。この2条件間での脂肪の燃焼比率は夕方条件に比べて朝条

図7-14　6条件における60分間ウォーキングの炭水化物と脂肪の燃焼比率の比較

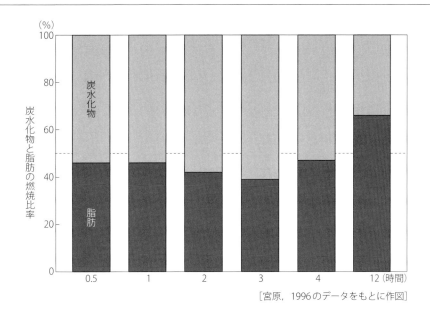

［宮原，1996のデータをもとに作図］

件の方が1.4〜1.6倍も脂肪の燃焼が多いことを示している。また**図7-14**は食後0.5〜4時間，12時間における6条件の60分間ウォーキングの脂肪の燃焼比率を示している。食後から時間が経過するにつれて脂肪からの燃焼比率が低下するが，4時間後にはふたたび増加に転じている。すなわち，食後4時間後から始める運動は，脂肪の酸化が高まり始める閾値的な時間かも知れない。

　脂肪燃焼と持続時間の関係については，運動時間が長くなるにつれて脂肪酸化量が増加する。10分間の運動で安静時の3〜5倍，ジョギングのときは運動20〜40分にかけて脂肪の酸化量が高まる。運動時間が長くなるほど1分間あたりの脂肪酸化量は増加し，6時間のランニング後では1分間あたり1g以上という報告もある。

　脂肪燃焼のテクニックとして運動パターンも要素の1つかも知れない。一定強度の運動を持続的におこなうよりも断続的に運動強度を変化させながら運動をおこなったほうが，脂肪を燃焼させる可能性が高い。「10分間の軽いランニングの後に，10分間の中〜高強度のランニングをして，ふたたび10分間の軽いランニング」と「一定ペースの軽い30分間のランニング」のラスト10分間の脂肪酸化量を比較すると，運動の途中に速いランニングを挟んだほうが脂肪酸化量が高まる。また「60分間の持続型」と「30分間運動＋20分間休息＋30分間運動の断続型」のような運動様式の後半30分間の脂肪酸化量を比べると，休息を入れたほうの後半30分間の脂肪酸化量が高い。すなわち，高い強度の運動ほど，回復期での脂肪代謝やエネルギー消費量が増加するのである。さらに筋力トレーニングを先に実施して持久力トレーニングをあとにおこなったほうが脂肪の燃焼が高まったり，同じ運動強度でもランニング，ウォーキングのほうがサイクリングよりも脂肪の燃焼が高まったりと運動様式によっても違ってくるのである。

［文　献］

• 足立博子・足立哲司・豊岡示朗（2002）中年女性のエネルギー代謝に及ぼすウォーキングスピードの影響. 体力科学, 51（4）：pp. 385-391.

• アメリカスポーツ医学会編：日本体力医学会体力科学編集委員会監訳（2011）運動処方の一般原則. 運動処方の指針—運動負荷試験と運動プログラム— 原著第8版. 南江堂：pp. 157-187.

• Daniels, J. (2005) Daniels' running formula (2nd ed.), Human Kinetics.

• Fox, E. L. and Mathews, D. K. (1974) Constructing the interval training program (ITP). In: Interval training: Conditioning for sports and general fitness. W. B. Saunders: p. 44.

• Jeukendrup, A. (online) Fat Burning: using body fat instead of carbohydrates as fuel: PEAK PERFORMANCE. https://www.peakendurancesport.com/endurance-training/base-endurance-training/fat-burning-using-body-fat-instead-carbohydrates-fuel/（参照日 2020/9/15）

• 金子公宥（1984）体力・運動能力の個人差. 浅見俊雄・宮下充正・渡辺融編, 現代体育・スポーツ大系 第9巻 コーチングの科学. 講談社：pp. 12-19.

• 小林寛道（1982）Aerobic Powerからみた日本人の体力水準の評価, 日本人のエアロビック・パワー—加齢による体力推移とトレーニングの影響—. 杏林書院：pp. 265-266.

• 宮原清彰（1996）食事後における異なる運動開始時間がウォーキング時の血中基質と代謝におよぼす影響. 大阪体育大学大学院修士論文集, 3：pp. 49-56.

• モーガン・アダムソン：加藤橘夫・窪田登訳（1961）サーキット・トレーニング. ベースボール・マガジン社.

• 文部科学省（2000）新体力テスト実施要項（20歳～64歳対象）. http://www.mext.go.jp/component/a_menu/sports/detail/__icsFiles/afieldfile/2010/07/30/1295079_03.pdf（参照日 2020/9/1）

• リディアード：小松美冬訳（1993）速く走るための体とフォームをつくるヒルトレーニング, リディアードのランニング・バイブル. 大修館書店：p. 44.

• 体育科学センター編（1983）体力診断, 体育科学センター方式 スポーツによる健康づくり運動カルテ. 講談社：pp. 44-49.

• 豊岡示朗（1980）フィールドテスト（12分・5分・1500m）からみた大阪体育大生の全身持久性とその評価基準の作成. 大阪体育大学紀要, 12：pp. 37-43.

• 豊岡示朗（1984）インターバル・トレーニングとレペティション・トレーニング. 浅見俊雄・宮下充正・渡辺融編, 現代体育・スポーツ大系 第8巻 トレーニングの科学. 講談社：pp. 192-213.

• 豊岡示朗（1985）長距離・マラソントレーニング方法. J. J. Sports Sci., 4(11): pp. 803-808.

• 豊岡示朗・吉川潔・足立哲司（1995）朝と夕方のジョギングにおける血中基質の動態と代謝特性. 体力科学, 44（4）：pp. 419-430.

• Uebel, R. (1987) Weight training for swimmers -- a practical approach. NSCA journal., 9(3): pp. 38-41.

第8章

調整力アップのメカニズムと
トレーニング法

1. 調整力(コーディネーション)のメカニズム

　調整力（コーディネーション）とは，神経系の働きによって，運動中の姿勢を調整してバランスをとったり，運動を巧みに，そして機敏におこなう能力である。

　動きを構成する要因としては，**図8-1**のモデルが示されている（東根，2009）。筋力，瞬発力，持久力などのエネルギー系と動作を正確に調整する情報系（コーディネーション），そして関節などの動き（柔軟性，可動性）などの要因をバランスよく組み合わせて，動きが形成されていることがわかる。情報系については，動きを指令したり，コントロールする中枢神経（脳，脊髄）とそこからの指令を身体各部に伝達する末梢神経（感覚神経，運動神経）が大きな役割を果たしている。

●──コーディネーショントレーニングとは

　筋─神経系の連動性を高め，身体をコントロールする能力を向上させようとするトレーニングのことをコーディネーショントレーニングと言う。

　神経系や感覚器の能力は，身体の発達に比べて，早い時期に完成されると言われている。判断力やバランス能力を養うコーディネーショントレーニングは，神経系および感覚器官のトレーニングであり，5，6歳の低年齢期から，かなり高度な課題に挑戦させることも可能である。早い時期から神経系や感覚器を刺激すると，その後心身ともに著しく発達する。10 ～ 15，16歳の少年期に大きな影響を及ぼすと言われている。

　コーディネーション能力は，専門的な技術を覚えるにあたっての前提条件と言うべき動きづくりと深く関わっており，専門種目を習得する際の伸びに違いが出てくる。

　図8-2のように，技術とコンディション（筋力，持久力，スピードなど）の架け橋として，こ

図8-1　動きを構成する要因

［東根, 2009］

図8-2　スポーツにおけるコーディネーションとは

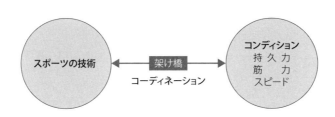

のコーディネーション（調整力）が存在する。

〈7つのコーディネーション〉

　ハルトマンら（2011）は，コーディネーションを7つの要素に分けて説明している。

○定位：決められた場所や動いている味方・相手・ボールなどと関連づけながら，動きの変化を調節することを可能にする。

○変換：急に状況が変わり，違う動きをしなければならなくなったとき，条件に合った動作のすばやい切り替えを可能にする。

○リズム：耳による音や音楽，あるいは真似をするときの目からの情報を，動きによって表現することを可能にする。イメージとしてもっている動きのリズムの実現を可能にする。

○反応：1つないし複数の合図をすばやく察知し，適時にそして適切な速度によって，合図に対する正確な対応動作を可能にする。

○バランス：空中や動いているときの全身のバランスを保つことや，崩れた体勢をすばやく回復することを可能にする。

○連結：身体の関節や筋肉の動きを，タイミングよく，無駄なく同調させることを可能にする。

○識別：手や足，頭部の動きを微調節する際の視覚との関係を高める。

　また，これらのコーディネーションの7つの要素の出現順序についても**図8-3**のように表している。

図8-3　コーディネーション能力の出現順序

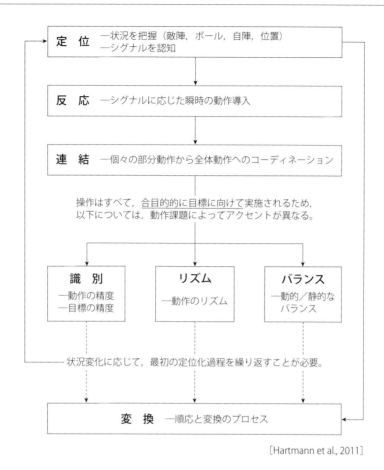

[Hartmann et al., 2011]

●──コーディネーショントレーニングの目的

　トレーニングの目的は，運動における技の習熟度合い，すなわち技能を向上させるための前提条件を形成すること。つまりコーディネーション能力がベースとなり，走る，跳ぶ，転がる，投げる，捕るなどのさまざまな基本的運動形態，すなわち運動系の基礎技能を，より短期間のうちに効率的に獲得し，向上させることが可能となる。

●── コーディネーショントレーニングの役割

①前提条件としての役割

　特に，幼少期において，運動系の技能を習得し，さらに発達させるための前提条件を形成する。

②維持するための役割

　難易度の低いコーディネーションエクササイズを普段から実践することで，日常運動系（歩く，座る，立つ，つかむなど），あるいはスポーツ運動系の習熟レベルを維持し，より完全なものへ

と発展させていく。

③補足的な役割

コーディネーショントレーニングのなかに，技能トレーニングの要素を組み込むことで，それぞれのスポーツ種目ごとに要求される技の習熟度合い，すなわち技能レベルを高め，実際の試合で最高のパフォーマンスを発揮できるようにする。

運動を上手におこなうためのキーワードであり，できるだけ幼少のころから，自らの身体をイメージ通りに動かすために必要なコーディネーション能力を養っておかなければならない。

運動能力を向上させるのに最適な年齢については，ハルトマンは，次のように表している。

- コーディネーション／可動性：5〜13歳（男子），11歳（女子）
- 運動学習能力：9〜13歳（男子），11歳（女子）
- スピード：7〜14歳（男子），女子12歳（女子）
- スピード筋力：8.5歳〜成人（男女）
- 有酸素性持久力：4歳〜成人，特に13〜15歳（男子），11.5〜15.5歳（女子）
- 無酸素性持久力：14歳〜成人（男子），12〜15歳（女子）
- 筋力：15歳〜成人（男子）

また，発育発達期のトレーニングのあり方については，以下のような形である。

○発育発達期（10歳まで）

走る，跳ぶ，投げる，捕るなどの運動系の基礎技能やスポーツの技の習得・洗練させるための前提条件を築きあげるという役割をもつ。すでに習得した技能と組み合わせるようにする。基礎的コーディネーションを通して，すべてのコーディネーション能力を向上させる。

○基礎トレーニング期（10〜14歳）

役割は，発育発達期と同じ。約60〜70%を基礎的コーディネーショントレーニング，約30〜40%は，競技専門のコーディネーショントレーニングとして構成する。

○発展トレーニング期（15〜18歳）

約70〜80%を競技専門のコーディネーショントレーニングに割りあてる。専門種目で要求される固有の動きや状況を可能な限りトレーニングに組み込む。

○移行・トップトレーニング期（18歳以降）

試合特有の場面を想定したコーディネーショントレーニングを実施する（専門的コーディネーショントレーニング）。

試合期やトーナメントシーズンなど，体力的・精神的な疲労がピークを迎える時期に基礎的コーディネーショントレーニングの割合を30〜40%に増やし，ノーマルに戻す。

Hotz（1997）は，コーディネーションに優れたスポーツ選手は，次のようなことができると唱えている。

- 体得した動作を状況に応じ，変化をつけて自由に操れる。
- さまざまなテクニックを状況に合わせて結びつけ，変化させる。
- 考え方をすばやく切り替えたり，学び方を変えたりする。
- リズムを変化させ，動作に強弱のリズムをつける。

・修正のための刺激をすばやく，うまく転換する。

・困難な挑戦にもすばやく適応する。

・新しいテクニックのバリエーションを簡単に獲得し，完成する。

・突発的な状況にも，迅速に，上手に反応する。

・常に動作のプロセスを把握し，コントロールする。

・求める動作を無理なく実行できる。

・スポーツ器具を全体の技術習得プロセスのなかに最適に組み込み，取り入れる。

・あらゆる点で，動作を空間的・時間的に正確に実現する。

・美的に，上品に，効率よく動く。

2. 調整力のトレーニング

●──コーディネーション運動の一例

　実際にコーディネーショントレーニングをおこなう場合は，7つの要素を理解し，スポーツ種目の特性に応じてうまく組み合わせていくことが必要である。

　例えば，「反応＋連結」の2つの要素を組み合わせた場合，「音（声）などの合図で，指定されたコーンをジグザグに走る」といった運動例が考えられる。また，「反応＋連結＋識別＋定位」の4つの要素を組み合わせた場合は，「音の合図で，指定されたコーンをジグザグに走り，前方からボールを転がし，それをキャッチする」といった運動例が考えられる。

　以下は，基礎的な運動を中心とした，どのスポーツにも適応する一般的コーディネーション運動の一例を表したものである。それぞれの運動については，7つの要素のなかから，関連する要素を示した。

■①一般的コーディネーション運動

①走

○鬼ごっこのパターン：5〜10人（鬼1人，2人）［変換，定位，リズム］

○ボール追いかけ：目標物に向かってボールを蹴りながら進む。2グループに分かれて，競争要素を取り入れてもよい。［変換，定位，リズム］

②跳

○片足けんけん：5回ずつ→10回→20回［バランス，リズム］

　右，右，左，左。等間隔に線を引いて。

○両足跳び：立ち幅跳び1回→5回→10回，三段跳び，ホップ・ステップ・ジャンプ。

○目標跳び［リズム，バランス，変換］

○立ち幅跳び（ラインを引いて）：3回跳びの距離を争う。

③投
○ボールお手玉：2個のテニスボールで［変換，バランス，連結，反応，定位］
○紙飛行機投げ［識別，リズム］
○的あて遊び［定位，識別，連結，変換］
④ボールゲーム
○ドッジボール：1チーム（5～10名），ボールは1個，2個［変換，反応，定位，識別］
○サッカー：
　・フットワークゲーム（ボールとコーンを利用して）［連結，バランス，変換，定位］
　・うつ伏せヘディング［変換，定位，連結，リズム］
　・ドリブルしながら散歩［変換，バランス，定位］
○バレーボール：
　・円陣バレーボール（5～8人）［変換，定位，連結，識別，リズム］
　・回転レシーブパス［変換，定位，連結，識別，バランス］
　・仰向け＆しゃがんでパス［変換，定位，連結，識別］
○1人でできるボール遊び：頭上でキャッチ，背中でキャッチ，ターンでキャッチ，前後手たたきでキャッチ，お腹ボール回し，足挟みボールキャッチ，ボール蹴りキャッチ［変換，定位，連結，識別，バランス］

●──コーディネーショントレーニングの実践例
（テニスなどのラケットスポーツを例として）

■1 一般的なコーディネーショントレーニング

①手とボールでの運動　＊各試技は，10～20回，ボールはすべてテニスボールを使用
○ボールバウンド。種々の姿勢（立位，膝つき，長座姿勢など）でおこなう。
　・いろいろなスピードでおこなう（ゆっくり，普通，速く）。
　・足の間を通しながら，右手，左手を使っておこなう。
○片手でボールをつきながら，自分の身体を中心として，1周回る。
○身体を動かしながら（前方，後方，サイド方向へ）ボールをつく。
○ランニングしながら，ボールをつく。
○2つのボールを使用して，両手を使ってバウンドをおこなう。
○足の裏でバウンドをおこなう（片足で，よりスピーディーに）。片足だけ→交互片足でおこなう。
○手のひらで上へ向かってつく（いろいろな姿勢で）。
○手の甲で上へ向かってつく（いろいろな姿勢で）。
②ボール投げ運動　＊各試技は，10～20回
○パートナーに向かって，右手，左手でボールを投げる（距離は，10m程度）。
○30mほど離れて，遠投をおこなう。
○オーバースロー，サイドスローなど，投げ方を変えてみる。

○地面へたたきつけ，そのボールをキャッチする。

■■■❷専門的なコーディネーショントレーニング

①ボールとラケットを用いての運動

○テニス用のラケットを使って，テニスボールをバウンドさせる（立位，膝つき，長座姿勢など）。左右の手でおこなう。

○いろいろなスピードで，ボールをつく。

○ラケットでボールをつきながら，自分の身体を中心として，1周回る（左右持ち替えて）。

○足の間を通しながら，右手，左手を使ってラケットでボールをつく。

○身体を動かしながら（前方，後方，サイド方向へ）ラケットでボールをつく。

○走りながら，片足でのケンケンで，ボールをつく。

○ジャンプしながら，ボールをつく。

○2本のラケットで，2つのボールを利用して，バウンドさせる。

○ラケットを利用して，上へつく。

○上へつきながら，高く，低くを繰り返す。

○左右の手を使って（また交互に）上へつく。

○ラケット面の表，裏を交互に使いながら，上へつく。

○ラケットのフレーム等を用いて，上へつく。

○2本のラケット，2つのボールを使って，下へつく。

○2人1組で，相手がボールを投げ，ハーフボレー（ショートバウンド）で相手に返す。

○仰向け姿勢でボレー（ノーバウンド返球）をおこなう。

○非利き手にラケットを持ち，ワンバウンドで続ける。

■■■❸トレーニングの留意点

コーディネーショントレーニングをおこなうにあたって，以下のことを十分に考慮することが必要である。

①変化に富んだバリエーション豊かな運動をおこなう

動作条件にも変化を加えながら，視覚，聴覚といった感覚器へも制限を加え，より多彩な運動を実施する。例えば，大きさや重さの異なる道具を使うなどがあげられる。また，フィールドの大きさを変えたり（サッカーなどでは，ハーフコートでおこなうなど），動作スピードに変化をもたせたり（最大スピードやハーフスピードなどでボールを投げるなど）することも重要となる。

②短時間で実施する

1回のトレーニング時間はせいぜい40分程度とし，1つの運動は30秒〜1分を基本とする。運動神経を刺激し，脳と動きの連動性を高めることをめざして，より短時間に設定する。心身ともにリフレッシュした状態でおこなうことを心がける。

③両側性を心がける

両上肢，両下肢をバランスよく使うことが必要である。利き腕や利き脚だけを使った運動はできるだけ避けるようにし，左右対称の動作を心がけるようにする。例えば，サッカーなどでは，

利き足だけでなく，反対の足でも蹴るように指示する。

④差異化を心がける

　通常とは異なる動きや通常と異なる用具を使用した運動をおこなう。例えば，テニスのラケットを，いろいろな条件のラケット（長さや重さ，反発力の違った）を使用してストロークをおこなわせるなどである。

［文　献］

• Hartmann, C., Minow, H-J. and Senf, G. (2011) Sport verstehen - Sport erleben: Bewegungs- und trainingswissenschaftliche Grundlagen. Lehmanns.

• Hotz, A. (1997) Qualitatives bewegungslernen. SVSS.

• 東根明人監修（2009）コーディネーション能力を高める運動の必要性，体育授業を変えるコーディネーション運動65選―心と体の統合的・科学的指導法―. 明治図書出版：pp. 11-15.

第9章

トレーニング効果の
測定と評価

　陸上競技や水泳競技など競技能力を記録で表すことのできる客観性スポーツでは，日常的なトレーニングにおいても，トレーニングの結果を記録し，それを評価しながら，次のトレーニングに役立てている。このようなトレーニングでの日常的な測定や評価は，球技においてはほとんどおこなわれていないが，シーズンオフなどには体力測定をおこない，選手1人ひとりの体力を把握することで，身体づくりの指標としてトレーニング計画の作成に用いられている。選手にとっては目標が明確になり，モチベーションをあげることに役立つことにもなる。ここでは，トレーニング指標としての測定方法とその評価方法について学ぶ。

1. トレーニング効果の評価法

　競技スポーツにおいて，それぞれの能力をみる視点は，その専門とするスポーツのパフォーマンス（競技能力）を評価している。客観性スポーツでは速い，力強いなどがタイムや距離，重量として明確に数値で表わされ，採点競技や球技種目では指導者や審判の主観により評価される。いずれにしても，このスポーツパフォーマンスのなかには，スキル（技能）と専門的および全面的な体力要素が含まれている。

　一般的に身体運動の条件により，体力の個人差や個性が現れる。トレーニングの手順として開始前に体力測定をおこない，数週間のトレーニングを継続して効果が現れたならば，再度，体力測定をおこない，オーバーロードの原理に従って負荷を漸増しなければ，さらなる体力増進はない。

　どのような体力・身体能力を有し，どのような目的をもってトレーニングするかを明らかにするために，的確で信頼性と客観性のある測定法が必要である。

　それぞれの体力要素についての評価として，これまで多くの測定法が開発されてきている。ま

た，測定法の開発は次のトレーニングを考えることにもつながっていく。

●──形態および身体組成

高い競技力を有する選手を観察すると，それぞれのスポーツ種目により特徴的な形態の発達がみられる。相撲の力士などがその代表例であるが，それ以外のスポーツでも，それぞれ特徴的な形態がある。特定のスポーツを長く続けていると，特異的なトレーニング効果が現れ，やがて形態への変化となってくるからである。

■■1 形態測定

世界的に共通した人体の計測は，Martin計測器（**図9-1**）による測定方法が用いられている。これにより，長育，幅育，量育，周育の測定がおこなわれる。それぞれの測定項目は次のようになっている。

図9-1　Martinの人体計測器

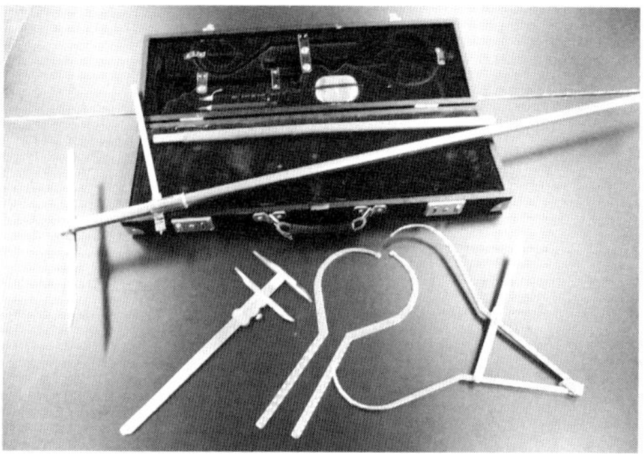

①**長育**：身長，座高，上肢長，上腕長，手長，下肢長，足長，指極
②**幅育**：肩峰幅（肩幅），胸幅（胸郭幅，胸横径），胸矢状径（胸厚），腸骨稜幅（腰幅），足幅，手幅
③**量育**：体重，皮下脂肪厚
④**周育**：頭囲，頸囲，胸囲，胴囲，腰囲，上腕囲，前腕最大囲，大腿囲，下腿最大囲

詳細な測定項目として，上記の25項目をあげたが，これらの測定方法などについては専門書（首都大学東京体力標準値研究会，2007）を参考にされたい。

体格や筋量を表す基本的なものとしては，身長，座高，体重，胸囲，腰囲，上腕囲，大腿囲などで，市販の測定器などでも簡単に測定することが可能である。

■■2 身体組成の判定法

体重は身体の総重量を示しているが，このなかに含まれる脂肪と筋量は，運動やスポーツによる影響が大きい。そこで，脂肪量を判定し，さらに体重から脂肪を除いた除脂肪体重から筋量を把握しておくことは意義がある。

図9-2　栄研式皮下脂肪厚計

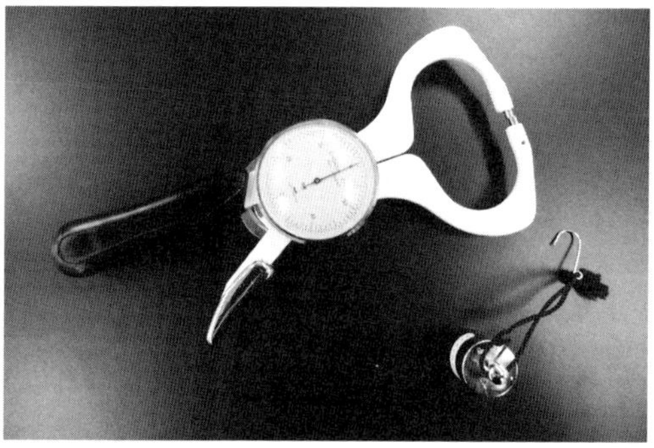

脂肪量の判定法は大きく分けて，皮下脂肪厚から求める方法と体脂肪率から求める方法の2つがある。

①皮下脂肪厚から求める方法

上腕三頭筋部と肩甲骨下部の皮下脂肪厚の和が身体密度と相関が高いことから算出する方法。皮下脂肪厚計（**図9-2**）を用いて，上腕三頭筋部と肩甲骨下部の皮下脂肪厚を測定し，その和

を下の長嶺の式（1972）に代入して身体密度を求める。

〈年　齢〉	〈男　子〉	〈女　子〉
9～11歳	$= 1.0879 - 0.00151 \times S$	$= 1.0794 - 0.00142 \times S$
12～14歳	$= 1.0868 - 0.00133 \times S$	$= 1.0888 - 0.00153 \times S$
15～18歳	$= 1.0977 - 0.00146 \times S$	$= 1.0931 - 0.00160 \times S$
19歳以上	$= 1.0913 - 0.00116 \times S$	$= 1.0897 - 0.00133 \times S$

　身体密度の値からBrozek（1963）の式を用いて体脂肪率（％）を求め，体重を積算して体脂肪量（kg）を算出する。

　　　体脂肪率（％）＝（4.57÷身体密度－4.142）×100

　　　体脂肪量（kg）＝体脂肪率（％）×体重（kg）

②身体密度測定法

　脂肪が体重の何％を占めるかという体脂肪率から求める方法。身体密度（densitometry）は，体重を身体容積で割ることによって得られる。水中体重秤量法が一般的で，アルキメデスの原理に基づいて，水中に身体を沈めることによって水を排除した容量が得られる。

③インピーダンス法

　脂肪はほとんど通電性がなく，除脂肪部分は水分を含み通電性があることから微弱な高周波電流を流し，手足もしくは両足に取り付けた電極間のインピーダンス（交流回路における電気抵抗値（Ω））を測定して除脂肪部分の重量を推定する方法（**図9-3**）。最近では，体重計にこれらの機能を付けたものが開発され，誤差は小さくないと思われるが，手軽に％Fatや除脂肪体重，筋量の推定値まで算出される機器もある。

図9-3　インピーダンス法を用いた身体組成測定器

④身体水分量の測定

　脂肪は水を含まず，除脂肪部分は一定の水分量を含んでいることから，身体水分量を測定すれば除脂肪部分の重量を測定できるという原理に基づく。

●──3つのエネルギー供給過程の測定と評価

　スポーツ選手は，専門とする競技種目にどのような身体能力が必要であるかを理解している。また健康増進を目的とする一般人も，目標とする体力や身体能力を身につけようとしてトレーニングをおこなっている。このような目的に対して，的確なトレーニングがおこなわれているかどうかを判断するため，種々の測定が用いられている。

　運動は筋収縮によって起こり，そのエネルギーは3つの供給過程がある。このエネルギー系供給過程ごとの身体能力のテスト方法については，次のようなものがある。

■ 1 ハイパワー（ATP-CP系）の測定と評価

① POWER MAX V

運動スキルが影響しない測定方法として考えられ，製作されたPOWER MAX V（コンビ社製，**図9-4**）により，ハイパワーを測定する。

10秒間の全力ペダリングを120秒の完全休息を挟んで3回おこなう。内蔵コンピューターが性別，体重とピーク回転数から自動的に3段階の負荷強度を設定し，それぞれのピーク回転数との回帰直線から最大パワーを算出する（**表9-1**）。

図9-4　POWER MAX V（コンビ社製）

表9-1a　POWER MAX V（ワット）の5段階評価

体力区分	男　子	女　子
① 低　　い	637以下	315以下
② やや低い	638〜759	316〜453
③ 普　　通	760〜881	454〜582
④ やや高い	882〜1003	583〜720
⑤ 高　　い	1004以上	721以上

［大阪体育大学生による評価表］

表9-1b　POWER MAX V（ワット/kg）の5段階評価

体力区分	男　子	女　子
① 低　　い	9.10以下	6.12以下
② やや低い	9.11〜10.83	6.13〜8.05
③ 普　　通	10.84〜12.55	8.06〜9.99
④ やや高い	12.56〜14.27	10.00〜11.92
⑤ 高　　い	14.28以上	11.93以上

［大阪体育大学生による評価表］

② Margaria-Kalamen power test（図9-5）

簡単な階段駆け上がりテストで，体重と階段の3段目から9段目までの垂直距離との積を，その所要時間で除算することによって得られる。

評価基準は下記に示した（**表9-2**）。

$$P = \frac{W \times D}{t}$$

P ＝パワー（kg・m/秒）
W ＝体重（kg）
D ＝3〜9段目の垂直距離（m）
t ＝所要時間（秒）

表 9-2　Margaria-Kalamen power test（kg・m/秒）の5段階評価

体力区分	男　子	女　子
① 低　　い	103.3以下	66.9以下
② やや低い	103.4〜119.6	67.0〜80.9
③ 普　　通	119.7〜135.9	81.0〜95.9
④ やや高い	136.0〜152.2	96.0〜109.0
⑤ 高　　い	152.3以上	109.1以上

［大阪体育大学生による評価表］

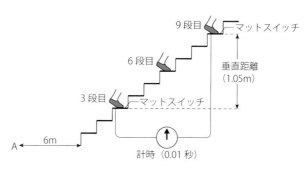

図9-5　Margaria-Kalamen power test

［Mathews and Fox, 1971］

③50m加速走テスト

5mの加速をつけ，50mを全力疾走する。測定は光電管などを用いて計測する。評価基準は右記に示した（**表9-3**）。

表9-3　50m加速走（秒）の5段階評価

体力区分	男　子	女　子
①低　　い	6.82以上	8.30以上
②やや低い	6.81〜6.44	8.29〜7.69
③普　　通	6.43〜6.05	7.68〜7.07
④やや高い	6.04〜5.67	7.06〜6.47
⑤高　　い	5.66以下	6.46以下

［大阪体育大学生による評価表］

④腕屈曲力テスト

筋力測定ラックとストレンゲージを用いて，肘屈曲の最大筋力（kg）を測定する（**図9-6**）。その評価基準は下記に示した（**表9-4**）。

図9-6　最大腕屈筋力の測定

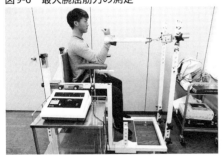

表9-4　腕屈曲力（kg）の5段階評価

体力区分	男　子	女　子
①低　　い	23.3以下	19.5以下
②やや低い	23.4〜35.3	19.6〜26.4
③普　　通	35.4〜47.1	26.5〜33.2
④やや高い	47.2〜59.0	33.3〜40.1
⑤高　　い	59.1以上	40.2以上

［大阪体育大学生による評価表］

⑤脚伸展力テスト

筋力測定ラックとストレンゲージを用いて，膝伸展の最大筋力（kg）を測定する（**図9-7**）。評価基準は下記に示した（**表9-5**）。

図9-7　最大脚伸展筋力の測定

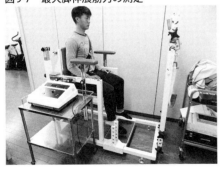

表9-5　膝伸展力（kg）の5段階評価

体力区分	男　子	女　子
①低　　い	46.5以下	28.4以下
②やや低い	46.6〜61.6	28.5〜38.6
③普　　通	61.7〜76.6	38.7〜48.7
④やや高い	76.7〜91.8	48.8〜59.0
⑤高　　い	91.9以上	59.1以上

［大阪体育大学生による評価表］

■■■2 ミドルパワー（解糖系）の測定と評価

①Wingate anaerobic test（ウィンゲートテスト）

ウィンゲートテストは，イスラエルのウィンゲート研究所で考案された最大無酸素パワー（ATP-CP系＋解糖系のエネルギー）測定を目的としたテストである。自転車エルゴメーターを用いて30秒間のオールアウト自転車テストをおこなう。

下記にその方法を示しているが，ハイパワーテストのPOWER MAX Vを用いると自動的に設定がおこなわれる。

[方　法]

1) 本テストで用いる20%の負荷で4～5分のウォーミングアップをおこなう。

2) ウォーミングアップ中に5秒程度の全力ペダリングを2～4回入れる。

3) 負荷設定

　　　成　　　　人：体重1kgあたり75g（体重の7.5%）

　　　15歳以下：体重1kgあたり35g

4) 測定者の合図により，全力でペダリングし，最高速度に達した時点で負荷を加え，30秒間全力ペダリングを続ける。

5) ピークパワー，平均パワー，疲労指数の3つを評価する（**表9-6**）。

②300m走テスト

300mの全力走を測定し，その記録を評価する（**表9-7**）。

表9-6　ウィンゲートテスト（ワット）の5段階評価

体力区分	男　子	女　子
①低　　い	490.5以下	351.6以下
②やや低い	490.6～529.7	351.7～383.8
③普　　通	529.8～608.2	383.9～448.2
④やや高い	608.3～647.5	448.3～480.4
⑤高　　い	647.6以上	480.5以上

［大阪体育大学生による評価表］

表9-7　300m走テスト（秒）の5段階評価

体力区分	男　子	女　子
①低　　い	54.05以上	62.05以上
②やや低い	49.48～54.04	57.69～62.04
③普　　通	44.91～49.47	53.34～57.68
④やや高い	40.34～44.90	49.98～53.33
⑤高　　い	40.33以下	49.97以上

［大阪体育大学生による評価表］

■■■❸ローパワー（酸化系）の測定と評価

①5分間走，12分間走

5分間および12分間で何m走ったかを測定する方法。

②1500m走，2400m走

1500mおよび2400mの全力走で記録を計る方法。5段階評価については，第7章「3.　全身持久力の評価方法」に記載。

③マルチステージ・20mシャトルランテスト（文部科学省の新体力テスト）

シャトルランは，20mの行き来する測定会場を設定し，走スピードの漸増負荷により全身持久力を評価できるように作成されたテストである。

体育館を使用しておこなうため，天候に左右されず，比較的準備も簡単で，多人数の測定が可能である。

測定用のCDは，ドレミファソラシドの信号音の間隔が次第に早くなっていき，20mのシャトルランが間に合わなくなったら測定終了。その最終回数と最大酸素摂取量には高い相関がみられることから，河野（1997）は最大酸素摂取量を推定できる測定用紙を提案している（**表9-8**）。

④最大酸素摂取量

1分間あたりの酸素摂取量の最大値で，全身持久力の指標として用いられている。

表9-8　20mシャトルランテスト測定用紙

Level																
Level 1	1	2	3	4	5	6	7									
Level 2	8	9	10	11	12	13	14	15								
Level 3	16	17	18	19	20	21	22	23								
Level 4	24 ①26.4	25 ②26.8	26 ③27.2	27 ④27.6	28 ⑤28.0	29 ⑥28.3	30 ⑦28.9	31 ⑧29.5	32 ⑨29.7							
Level 5	33 ①30.0	34 ②30.2	35 ③30.6	36 ④31.0	37 ⑤31.4	38 ⑥31.8	39 ⑦32.2	40 ⑧32.5	41 ⑨32.9							
Level 6	42 ①33.3	43 ②33.6	44 ③34.0	45 ④34.3	46 ⑤34.7	47 ⑥35.0	48 ⑦35.4	49 ⑧35.7	50 ⑨36.1	51 ⑩36.4						
Level 7	52 ①36.8	53 ②37.1	54 ③37.5	55 ④37.8	56 ⑤38.2	57 ⑥38.5	58 ⑦38.9	59 ⑧39.2	60 ⑨39.6	61 ⑩39.9						
Level 8	62 ①40.2	63 ②40.5	64 ③40.8	65 ④41.1	66 ⑤41.5	67 ⑥41.8	68 ⑦42.1	69 ⑧42.4	70 ⑨42.7	71 ⑩43.0	72 ⑪43.3					
Level 9	73 ①43.6	74 ②43.9	75 ③44.2	76 ④44.5	77 ⑤44.9	78 ⑥45.2	79 ⑦45.5	80 ⑧45.8	81 ⑨46.1	82 ⑩46.5	83 ⑪46.8					
Level 10	84 ①47.1	85 ②47.4	86 ③47.7	87 ④48.0	88 ⑤48.4	89 ⑥48.7	90 ⑦49.0	91 ⑧49.3	92 ⑨49.6	93 ⑩49.9	94 ⑪50.2					
Level 11	95 ①50.5	96 ②50.8	97 ③51.1	98 ④51.4	99 ⑤51.7	100 ⑥51.9	101 ⑦52.2	102 ⑧52.5	103 ⑨52.8	104 ⑩53.1	105 ⑪53.4	106 ⑫53.7				
Level 12	107 ①54.0	108 ②54.3	109 ③54.6	110 ④54.8	111 ⑤55.1	112 ⑥55.4	113 ⑦55.7	114 ⑧56.0	115 ⑨56.3	116 ⑩56.5	117 ⑪56.8	118 ⑫57.1				
Level 13	119 ①57.4	120 ②57.6	121 ③57.9	122 ④58.2	123 ⑤58.5	124 ⑥58.7	125 ⑦59.0	126 ⑧59.3	127 ⑨59.6	128 ⑩59.8	129 ⑪60.1	130 ⑫60.3	131 ⑬60.6			
Level 14	132 ①60.9	133 ②61.1	134 ③61.4	135 ④61.7	136 ⑤62.0	137 ⑥62.2	138 ⑦62.5	139 ⑧62.7	140 ⑨63.0	141 ⑩63.2	142 ⑪63.5	143 ⑫63.7	144 ⑬64.0			
Level 15	145 ①64.3	146 ②64.6	147 ③64.9	148 ④65.1	149 ⑤65.4	150 ⑥65.6	151 ⑦65.9	152 ⑧66.2	153 ⑨66.5	154 ⑩66.7	155 ⑪67.0	156 ⑫67.2	157 ⑬67.5			
Level 16	158 ①67.8	159 ②68.0	160 ③68.3	161 ④68.5	162 ⑤68.8	163 ⑥69.0	164 ⑦69.3	165 ⑧69.5	166 ⑨69.7	167 ⑩69.9	168 ⑪70.2	169 ⑫70.5	170 ⑬70.7	171 ⑭70.9		
Level 17	172 ①71.2	173 ②71.4	174 ③71.7	175 ④71.9	176 ⑤72.2	177 ⑥72.4	178 ⑦72.7	179 ⑧72.9	180 ⑨73.2	181 ⑩73.4	182 ⑪73.7	183 ⑫73.9	184 ⑬74.2	185 ⑭74.4		
Level 18	186 ①74.6	187 ②74.8	188 ③75.1	189 ④75.3	190 ⑤75.6	191 ⑥75.8	192 ⑦76.0	193 ⑧76.2	194 ⑨76.5	195 ⑩76.7	196 ⑪77.0	197 ⑫77.2	198 ⑬77.4	199 ⑭77.7	200 ⑮77.9	
Level 19	201 ①78.1	202 ②78.3	203 ③78.6	204 ④78.8	205 ⑤79.0	206 ⑥79.2	207 ⑦79.5	208 ⑧79.7	209 ⑨80.0	210 ⑩80.2	211 ⑪80.4	212 ⑫80.6	213 ⑬80.8	214 ⑭81.1	215 ⑮81.3	
Level 20	216 ①81.6	217 ②81.8	218 ③82.0	219 ④82.2	220 ⑤82.4	221 ⑥82.6	222 ⑦82.8	223 ⑧83.0	224 ⑨83.3	225 ⑩83.5	226 ⑪83.7	227 ⑫83.9	228 ⑬84.1	229 ⑭84.3	230 ⑮84.6	231 ⑯84.8
Level 21	232 ①85.0	233 ②85.2	234 ③85.4	235 ④85.6	236 ⑤85.9	237 ⑥86.1	238 ⑦86.3	239 ⑧86.5	240 ⑨86.7	241 ⑩86.9	242 ⑪87.2	243 ⑫87.4	244 ⑬87.6	245 ⑭87.8	246 ⑮88.0	247 ⑯88.2

[記録用紙の見方]

レベル数　　トータルシャトル数

| Level 14 | 132 | ①60.9 |

各レベルのシャトル数　　推定最大酸素摂取量（mℓ/kg/分）

[河野, 1997]

119

測定は，トレッドミルや自転車エルゴメーターにて，7〜10分間でオールアウト（疲労困憊）に至るよう漸増負荷をおこない，その間，1分間隔で呼気ガスを分析・記録する（**図9-8**）。

図9-8a　ダグラスバッグと乾式ガスメーターによる手動ガス分析

図9-8b　全自動ガス分析器

●──体力の測定と評価

総合的な体力を測定するには，一般的で測定器も用いやすく，評価基準値のある実用性，簡便性の高い体力テストを用いるとよい。

一般的に体力テストで用いられる方法は，それぞれの体力要素の右に示されているが，いずれも実用的で簡便なテスト種目である。

■1 文部科学省の新体力テスト

昭和36年のスポーツ振興法の制定を受け，昭和38年に保健体育審議会が「スポーツテスト」を答申，翌39年から体力・運動能力調査が開始された。30年以上の長い間，この方法により国民の体力・運動能力がテストされてきたが，平成8年度から見直しが始まり，平成11年度より「新体力テスト」での体力・運動能力調査が開始された。

新しいテストは，健康体力および基礎的運動能力測定の重視，高齢社会に対応した対象年齢と年齢区分の見直し，国民の体力を経年的に追跡する共通テスト項目の設定などが検討され，6〜11歳と12〜19歳，20〜64歳および65〜79歳に年齢区分された体力テスト項目が選定された（文部省，2000）。

表9-9には，各年齢区分のテスト内容を示した。

表9-9　新体力テストのテスト項目

対象年齢	共通テスト項目	テスト項目
6〜11歳		反復横とび 20mシャトルラン 50m走 立ち幅とび ソフトボール投げ
12〜19歳	握　　力 上体起こし 長座体前屈	反復横とび 持久走か20mシャトルラン 50m走 立ち幅とび ハンドボール投げ
20〜64歳		反復横とび 急歩か20mシャトルラン 立ち幅とび
65〜79歳		ADL 開眼片足立ち 10m障害物歩行 6分間歩行

［文部省，2000］

■■❷大阪体育大学の体力テスト

　大阪体育大学では，毎年4月の授業開始前に，健康診断と併行して体力テストを実施している。テスト方法は，当初は文部省「体力診断テスト」を用いていたが，平成11年のテスト改定に伴い，「新体力テスト」へ変更した。そして，学生への興味度やクラブ活動での活用ということから，数種目の変更をおこない，7種目からなる独自の体力テストにより，学生の体力を評価している（川島他，2011）。

　その方法は，次のようになっている。

①上体起こし

［準　備］ ストップウォッチ，マット

［方　法］（図9-9）

1）マット上で仰臥姿勢をとり，両手を軽く握り，両腕を胸の前で組む。両膝を90度に保つ。

2）補助者は，被測定者の両膝を押さえ，固定する。

3）「始め」の合図で，仰臥姿勢から，両肘と両大腿部がつくまで上体を起こす。

4）すばやく開始時の仰臥姿勢に戻り，肩甲骨付近を測定者の手につける。

5）30秒間，上記の上体起こしをできるだけ多く繰り返す。

［記　録］

1）30秒間の上体起こし（両肘と両大腿部がついた）回数を記録する。ただし，仰臥姿勢に戻したとき，背中（肩甲骨）がマットにつかない場合は，回数としない。

2）実施は1回とし，カウンターを用いて回数を数える。

［実施上の注意］

1）両腕を組み，両脇をしめる。仰臥姿勢の際は，背中（肩甲骨）がマットにつくまで上体を倒す。実施時には胸の前で組んだ両手が離れないように首に帯（タオル）を巻き，それを耳の横でつかませる。また，肩甲骨をしっかりとマットにつけるために肩甲骨周辺（背中）の下に回数を数える者の手を入れておき，その手に肩甲骨が当たった回数を数える。

2）補助者は被測定者の下肢が動かないように両腕で両膝をしっかり固定する。しっかり固定するために，補助者は被測定者より体格が大きい者が望ましい。

図9-9　上体起こしの方法

3) 測定の際には，上半身はTシャツ1枚となり，背中に手が当たることを確認できるようにする。

②反復横跳び

［準 備］ ストップウォッチ，ライン。床の上に，**図9-10**のように中央ラインを引き，その両側100cmのところに2本の平行ラインを引く。

［方 法］ 中央ラインをまたいで立ち，「始め」の合図で右側のラインを越すか，または，踏むまでサイドステップし（ジャンプしてはいけない），次に中央ラインに戻り，さらに左側のラインを越すかまたは触れるまでサイドステップする（**図9-11**）。

［記 録］ 上記の運動を20秒間繰り返し，それぞれのラインを通過するごとに1点を与える（右，中央，左，中央で4点になる）。

[実施上の注意]

1) 屋内，屋外のいずれで実施してもよいが，屋外でおこなう場合は，よく整地された安全で滑りにくい場所で実施すること（コンクリート等の上では実施しない）。

2) このテストは，同一の被測定者に対して続けておこなわない。

3) 次の場合は点数としない。
　　・外側のラインを踏まなかったり越えなかったりしたとき。
　　・中央ラインをまたがなかったとき。

③3分間シャトルスタミナテスト

［準 備］ ポール（高さ1.5m），20mメジャー，筆記用具，メモ用紙，クリップボード。2対のポールを並列に2m間隔で10対用意する。2m間隔にポールを置くための印（「×」）を貼る（長さ15cm）。ポール間の床面に走距離計測用のラインを2m間隔に貼る（**図9-12**）。

[方 法]

1) 初期姿勢：被測定者は，スタートポールの横で直立スタンスをとる。

2) スタートの号令（「位置について」「用意」「ゴー」）で，走り始める。

3) 前方10mのポールおよびスタートポールを回って折り返す。

4) この往復走を全力で3分間おこなう。

図9-10　反復横跳びのライン

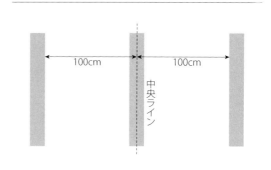

図9-11　反復横跳びの方法

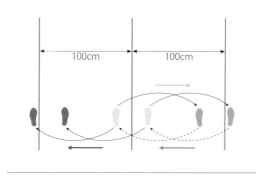

図9-12　3分間シャトルスタミナテストのライン

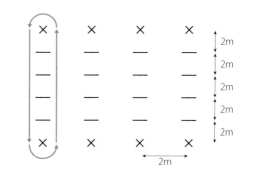

5) 被測定者がポールを倒した場合，自ら×印の付いたところにボールを戻す。

6) 測定者は，1往復ごとつまり20mごとに「正」の字を記入する。

7) 3分の終了合図のところのラインを記録する。ライン間なら1m単位で距離を決定する。前方のポールに向かっているところなら20m×往復回数＋距離。スタートのポールに向かっているところなら20m×往復回数＋10m＋距離を計測する。

［実施上の注意］

1) 体育館シューズを着用する。

2) 事前にウォームアップをする。測定前に1往復の試走をする。

3) 1人の測定員で被測定者1人の記録をとる。

4) 測定員はポールが元の位置でない場合，正しい位置に置き直す。

5) 号令を掛ける測定員は，『1分経過』『2分経過』『30秒前』『10秒前』の号令をかける。また終了時には，笛で合図をする。

6) 測定前に，走時間が3分間であること，最初からペースを上げ過ぎないこと，小刻み走でポールを回ることに注意を与える。

④長座体前屈

［準　備］ 長座体前屈計

［方　法］

1) 初期姿勢：被測定者は，長座姿勢をとる。壁に背・尻をぴったりとつける。ただし，足首の角度は固定しない。肩幅の広さで両手のひらを下にして，手のひらの中央付近が，厚紙の手前端にかかるように置き，胸を張って，両肘を伸ばしたまま両手で開始位置を決定する。その際，背筋を伸ばす。

2) 初期姿勢時のスケールの位置：初期姿勢をとったときに零点を合わせる。

3) 前屈動作：被測定者は，両手を離さずにゆっくりと前屈して，測定器をまっすぐ前方にできるだけ遠くまで滑らせる。このとき，膝が曲がらないように注意する。最大に前屈した後に測定器から手を離す。

［記　録］

1) 初期姿勢から最大前屈時の測定器の移動距離をスケールから読み取る。

2) 記録はcm単位とし，cm未満は切り捨てる。

3) 2回実施して良いほうの記録をとる。

［実施上の注意］

1) 前屈姿勢をとったとき，膝が曲がらないように気をつける。

2) 測定器がまっすぐ前方に移動するように注意する（ガイドレールを設けてもよい）。

3) 測定器がスムーズに滑るような状態にする。

⑤握　力

［準　備］ デジタル握力計

［方　法］

1) 握力計の指針が外側になるように持ち，握る。この場合，人差し指の第二関節が，ほぼ直角になるように握り幅を調節する。

2) 直立の姿勢で両足を左右に自然に開き腕を自然に下げ，握力計を身体や衣服に触れないように
　して力いっぱい握りしめる。この際，握力計を振り回さないようにする。

[記　録]

1) 右左交互に2回ずつ実施する。

2) 記録はkg単位とし，kg未満は切り捨てる。

3) 左右おのおのの良いほうの記録をとる。

[実施上の注意]

1) このテストは，右左の順におこなう。

2) このテストは，同一の被測定者に対して2回続けておこなわない。

⑥背筋力

[準　備] デジタル背筋力計

[方　法]

1) 背筋力計の台の上に両足先を15cmくらい離して立ち，膝を伸ばしたまま背筋力計のハンドル
　を順手で握る。次に，被測定者は背を伸ばして上体を30度前方に傾ける。このとき測定員は，
　壁に貼られた測定用紙を見ながら，正しい姿勢をとらせ，背筋力計を調節する。

2) 両手でしっかりと握ったハンドルを，だんだん力を入れながら力いっぱい引く。この際膝を曲
　げないで上体を起こすようにする。

[記　録]

1) 背筋力計の記録を読む。

2) 2回実施して良いほうの記録をとる。

3) 記録はkg単位とし，kg未満は四捨五入する。

[実施上の注意]

1) このテストは同一の被測定者に続けておこなわない。

2) 後方へ引っ張らないこと。

⑦垂直跳び

[準　備] 垂直跳び測定器（ヤードスティック）

[方　法]

1) 両足を揃え，直立位で腕をまっすぐ上に伸ばし，指先の最頂点を決める。

2) 両足を軽く開いて，全力で上に跳び上がり，最頂のバーを叩く。

[記　録]

1) 記録はcm単位とし，cm未満は切り捨てる。

2) 2回実施して良いほうの記録をとる。

[実施上の注意]

1) 計測員は，被測定者が垂直跳びする際にステップを踏まないよう注意する。

2) 垂直跳び後の着地で，被測定者が測定器の柱（ポール）にぶつからないように注意する。

2. 評価基準と活用方法

　測定をおこなう際には，どのような能力や体力を調べたいのか，その目的によって，測定項目や方法を検討しなければならない。すなわち，知りたい能力を正しく把握できる方法であるかという妥当性や測定値の信頼性（再現性），測定器具の取り扱いや経費，測定時間などの実用性，さらには，得られた測定結果を判定する基準値の有無等について検討が必要となる。

　測定結果の判定基準に関して，前項では3つのエネルギー供給過程の測定と評価で，5段階評価表を記載した。この評価表は，大阪体育大学の数年間の測定データをまとめ，作成したものである。

①平均値（mean, average；$\overline{X}$）

　中心的傾向を表す方法には，中位値や最頻度などもあるが，体力測定の結果では多くの場合，度数分布において，ほぼ正規分布を示すことから，平均値（$\overline{X}$）が用いられる。

　各被験者の測定値の総和を被験者数（n）で除すことで算出される。

$$\overline{X} = (\Sigma X)/n$$

②標準偏差（standard deviation；SD）

　集団における個体の変動幅，すなわち，個体のバラツキの大きさを捉える方法として，測定値の最大と最小値の差を見る分布幅がある。しかし，これでは較差はわかっても，集団の状態が捉えにくい。

　標準偏差は，平均値からのバラツキの程度を示し，小さければ同じ能力を有する集団ということが判断できる。

　正規分布する場合は，平均値から1標準偏差（SD）内に全個体数nの68.25%が含まれ，$\overline{X}\pm2$ SDでは95.44%，$\overline{X}\pm3$ SDでは99.74%が含まれる。

$$SD = \sqrt{\Sigma\,(x-\overline{X})^2/n}$$

x：個々のデータ，$\overline{X}$：平均値，n：データ数

③5段階法

　各測定項目の単位が異なることから，得点化することにより単位は統一され，総合的な評価が可能となる。

　ここでは5段階による評価表の作成方法を解説するが，他にも50点を基準としたT-score等がある。

表9-10　5段階法の評価区分

得点	区　　分	評　　価
5	$\overline{X}+1.5\,\sigma$以上	大変良い
4	$\overline{X}+0.5\,\sigma \sim \overline{X}+1.5\,\sigma$	良　い
3	$\overline{X}-0.5\,\sigma \sim \overline{X}+0.5\,\sigma$	普　通
2	$\overline{X}-1.5\,\sigma \sim \overline{X}-0.5\,\sigma$	もう少し
1	$\overline{X}-1.5\,\sigma$以下	悪　い

　上記で求めた平均値（$\overline{X}$）と標準偏差（SD）から**表9-10**のように5段階に区分する。

［文　献］
• Brozek, J. (1963) Densitometric analysis of body composition: Review of some quantitative assumptions. Ann. N. Y. Acad. Sci., 110(1): pp. 113-140.
• 川島康弘・平野亮策・吉田精二（2011）大阪体育大学学生の体力を測る─平成21，22年度 体力測定の学年別集計結果─.

大阪体育大学紀要，42：pp. 111-120.

- 河野一郎（1997）マルチステージ・20mシャトルラン・テスト．体育の科学，47（11）：pp. 879-883.
- Mathews, D. K. and Fox, E. L. (1971) Test and measurements. The physiological basis of physical education and athletics, W. B. Saunders: pp. 200-201.
- 文部省（2000）「新体力テスト」とは，新体力テスト―有意義な活用のために―．ぎょうせい：pp. 5-12.
- 長嶺晋吉（1972）皮下脂肪厚からの肥満の判定．日医会誌，68：pp. 919-924.
- 首都大学東京体力標準値研究会編（2007）新・日本人の体力標準値Ⅱ．不昧堂出版.

第10章

年齢に伴う
体力トレーニング

1. 発育発達における体力づくり

●──身体の発育発達

　一般的に「発育」と「発達」は同義語として扱われることも多いが，体育・スポーツ分野では，「発育」(growth)は身体の形態的変化を，「発達」(development)は身体の機能的変化を表す用語として用いることが多いため，本章でもこれに準ずる。

　Scammon(スキャモン)は，臓器や器官の発育パターンを4つに分類し，**図10-1**のような発育曲線を示した。出生時を0%，20歳時の発育量を100%として，各年齢時における到達率を示している。各パターンの発育の特徴として，リンパ型(胸腺，リンパ節など)は10歳ごろに成人の2倍近くになり，次第に減少し，成人の水準に戻る経過をたどる。神経型(脳，脊髄，視覚器，中枢神経系，末梢神経系など)は乳・幼児期に著しい発育を示し，3歳ですでに成人の70%程度，6歳ごろには90%程度にまで達し，その後ゆっくり発育しながら成人の水準に達する。一般型(頭部，頸部を除いた身体全体の大きさ，呼吸器，消化器，筋肉，骨格など)は出生後に急速な発育を示した後，緩やかな増加をた

図10-1　スキャモンの発育曲線

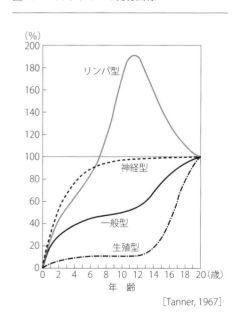

[Tanner, 1967]

どりながら思春期にふたたび急速な発育を示し，成人の水準に達する。そして，生殖型（睾丸，卵巣，子宮，前立腺等の生殖系器官）は思春期までの発育は非常に緩やかであり，思春期に一般型以上に急速な発育を示し，成人の水準に達する。

発育の度合いを評価する尺度としては，身長がよく用いられる。**図10-2**は身長の発育の度合い（発育曲線）を，**図10-3**は年間の身長の伸び（発育速度曲線）を示したものである。身長の

図10-2　身長の発育曲線

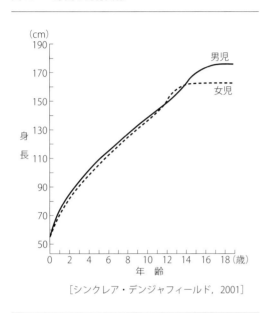

［シンクレア・デンジャフィールド，2001］

図10-3　身長の発育速度曲線①

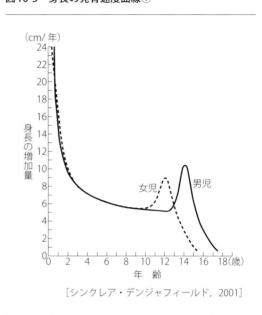

［シンクレア・デンジャフィールド，2001］

図10-4　身長の発育速度曲線②

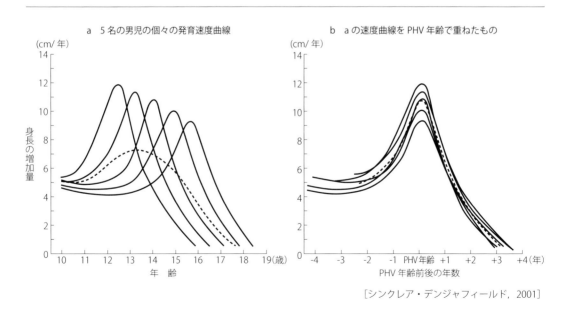

a　5名の男児の個々の発育速度曲線

b　aの速度曲線をPHV年齢で重ねたもの

［シンクレア・デンジャフィールド，2001］

発育速度は一定ではなく，特に10歳以降にみられる急進期は，PHV（peak height velocity）と呼ばれる。その年齢はPHV年齢と呼ばれ，平均値は男子12〜13歳，女子10〜11歳とされ，全体的傾向としては，男子に比べて女子のほうが2歳ほど早く迎える。しかし，PHV年齢には個人差があり，年齢や学年が同じであっても，発育の状況（発育到達レベル）は個人によって異なることを理解しておく必要がある（**図10-4**）。

2. 発育発達とトレーニング

●──体力の発達

■❶筋力の発達

図10-5に筋力を測定する代表的な尺度である握力と背筋力（等尺性筋力）の発達を示した。男女ともに思春期前（幼・児童期）までは直線的に増加し，男女差もほとんどみられない。しかし，それ以降男子は急激に発達し，女子はほとんど伸びがみられず，男女差が顕著になる。筋力の発達には性ホルモンの働きが強く関与しているため，性ホルモンの分泌が盛んとなる思春期ごろから男女差が顕著にみられるようになる。

■❷パワーの発達

図10-6は，慣性車輪で測定された膝関節伸展パワーの発達を表したものである。筋力とほぼ

図10-5　筋力の発達

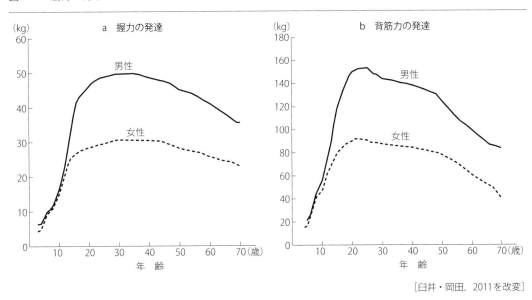

［臼井・岡田，2011を改変］

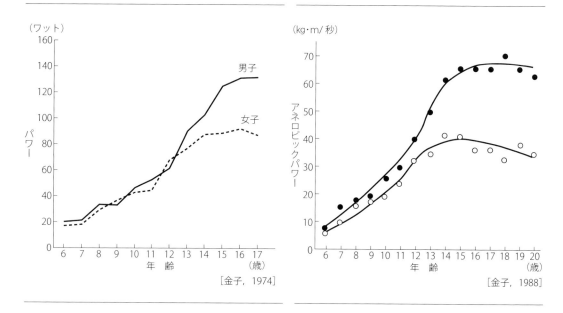

図10-6　脚伸展パワーの発達

（ワット）

（縦軸：パワー）

男子

女子

［金子，1974］

図10-7　アネロビックパワーの発達

（kg·m/秒）

（縦軸：アネロビックパワー）

［金子，1988］

同様の傾向がみられる。また，全力ペダリングによって評価されるアネロビックパワーの発達も，これと類似している（**図10-7**）。

❸全身持久力の発達

全身持久力を評価する指標の1つとして用いられる最大酸素摂取量は，PHV年齢のおよそ1年前あたりから急激に発達すると言われている。

図10-8に示したように，最大酸素摂取量（絶対値）は，思春期ごろまでは男女とも直線的に増加し，その後男子は思春期終わりごろ（18歳ごろ）まで増加を示すが，女子の増加は思春期にさしかかるころに頭打ちとなる。この原因としては，男子に比べ女子の最大心拍出量が小さいことや，酸素運搬に関わるヘモグロビンおよび赤血球が少ないことがあげられる。体重あたりの最大酸素摂取量（相対値）でみても，女性ホルモンの分泌が盛んになるにつれて男女差が広がる傾向にある（**図10-9**）。体重あたりの最大酸素摂取量記録との関連が高いとされる5分間走の記録も同様である（**図10-9**）。

●──発育段階に応じた体力づくり

身体の発育と身体運動の発達は，密接な関係があることから，どの時期にどのような運動をおこなうかという「適時性」を理解し，スポーツ活動やトレーニングをおこなうことは，トレーニングの効率を上げたり，スポーツ障害を少なくしたり，ひいては選手生命を伸ばすことにつながるのである。

先に示したスキャモンの分類から考えると，筋力，パワー，全身持久力などの体力要素は一般型に属すると考えられる。それに対して，運動・スポーツを巧みにおこなううえで必要な技能の発達は，神経型の関与も大きく影響してくる。一般型よりも神経型のほうが成人の値に近づく年

図10-8　最大酸素摂取量（絶対値）の発達

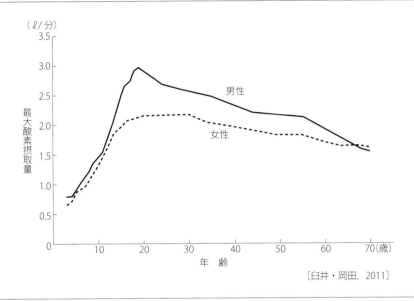

[臼井・岡田，2011]

図10-9　全身持久力の発達

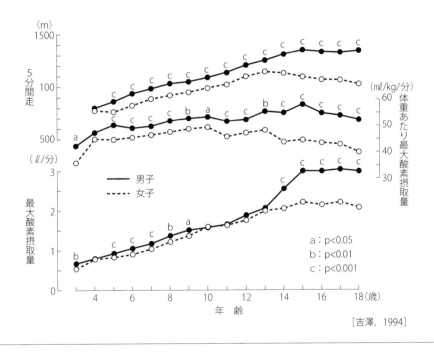

[吉澤，1994]

齢が早いことを考えると，早い段階で運動やスポーツなどの目的にかなう動きを習得し，持久力や筋力などはそれぞれの発達過程に合わせて適切な時期に高めていくことが求められる。

　図10-10は，身体の年間発育量とスポーツ活動，運動能力，体力の関係を見たものである。身体の年間発育量から見ると，生まれて３歳くらいまで著しい発育があり，保育期から小学校高学

131

年までは緩やかな成長期，そして高学年から中学校期にかけての第二次性徴期を経て，高校，大学へ完成期を迎えることになる。この身体的成長に応じて，スポーツ活動はスポーツとの出会いからトップアスリートへの挑戦へと発達していく。スポーツ技術や戦術の獲得は，模倣から始まり，基本技術の習得，応用能力の開発，洗練化と独自性として個性に磨きがかかっていく。体力は，神経系の発達の著しい10歳くらいまでに運動遊びや複数のスポーツの経験により，動きづくりを発達させ，第二次性徴期からの身体的成長に合わせたスタミナづくり，そして身体的発育が終わる高校期のころから筋力やパワーづくりをおこなう

図10-10　発育・発達に対応したスポーツ活動とトレーニングのあり方

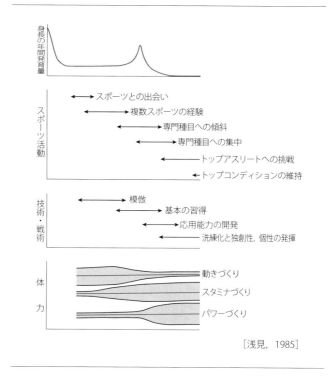

[浅見，1985]

よう身体発育に応じた体力トレーニングのあり方が重要となる。

●──体力づくりの実際

■■1 発育発達期（小学校期から中学校期）の体力づくり

　発育発達期（小学校期から中学校期）の体力づくりについて，具体的な運動などについて表す（図10-11）。

①「巧みさ」（調整力）をつくる

　身体の動きのコントロールに関係する身体諸特性（平衡性，協応性，すばやさ等）の統合的な動き。

> アスレティックコース遊び，マット運動，ボールゲーム（サッカー，バレーボール，バスケットボール，テニス，ソフトボール，ドッジボール），バドミントン，卓球，跳び箱，ブランコ乗り，一輪車乗りなど

②「すばやさ」（敏捷性）をつくる

　身体の動きのスピード：刺激に対応した場合の反応の速さ。

> 15～30mダッシュ，シグザグ走，タイヤ遊び，縄跳び，ドッジボール，ケンケン遊び，リレー遊びなど

③「ねばり強さ」（持久力）をつくる

　中学校時での急速な増加の傾向を示す全身持久力の基礎づくり。

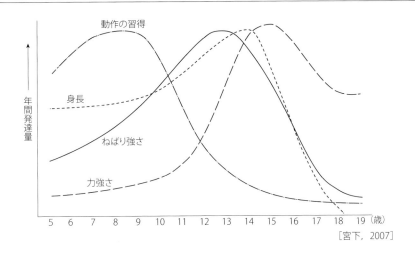

図10-11　体力・運動能力の発達には順序（トレーニングに最適な時期）がある

動作の習得

身長

ねばり強さ

力強さ

年間発達量

5　6　7　8　9　10　11　12　13　14　15　16　17　18　19 （歳）

［宮下，2007］

500m〜2km（5〜12分）の中程度（70〜90% V̇O₂ max）の持久走，種々の運動を組み合わせたサーキット運動，ゆっくりとした縄跳びなど

④「力強さ」（筋力）をつくる

自分の体重を引き上げたり，支えたりすることが自由にできる『力強さ』。

鉄棒運動，吊り縄登り，タイヤクライミング，ジャングルジム登り，平行棒運動，倒立，綱引きなど

■■■2 小学校期, 中学校期における筋力づくりについての具体的な例

①種目と負荷の手段

複合的な動作による多関節運動を選ぶ（スクワット，腕立て伏せなど）。

・自体重を負荷したもの
・自分の体重をしっかりと足で支えて，バランスをとり，姿勢を支持することが重要

②小学校低学年期のプログラム作成例

目的と留意点

・筋力トレーニングに親しみ，正しい動きやフォームを習得すること
・15回以上反復できる軽い負荷で，1種目につき，10回×1〜2セット

トレーニング例：各運動は，15回以上反復できる負荷でおこなう。

腕立て伏せ（上半身），ボート漕ぎ（チューブを使って），スクワット（下半身），シットアップ（腹筋）——各10回×1セット

③小学校高学年期のプログラム作成例

目的と留意点

・基本的な運動を中心におこない，安全な範囲内で負荷を上げていく
・自体重にチューブやダンベルを加えていく
・12〜15回反復できる負荷で，1種目につき，10回×2セット

トレーニング例：各運動は，12回反復できる負荷を選定する。

> 腕立て伏せ（上半身），ボート漕ぎ（チューブを使って），片脚スクワット（下半身），シットアップ（腹筋）――各10回×2セット

④中学校期のプログラム作成例

目的と留意点

> ・軽いバー（10～20kg）を用いたスクワット，ランジのような運動を加えることが可能
> ・使用する負荷は，8～12RMに上げること
> ・20回以上反復できる負荷を用いて，20回程度の反復を1分以上の休息時間でおこなう
> ・サーキットウエイトトレーニングも効果的である

3. 中高齢者の体力トレーニング

　超高齢化社会に伴って，我が国の年間医療費は，平成元年20兆円から令和元年43.6兆円と増加し続けている。死因別の死亡率を見ると1位は悪性新生物〈腫瘍〉，2位は心疾患〈高血圧を除く〉，3位は老衰，そして4位は脳血管疾患である。年次推移を見ると上位3つの死因は，上昇傾向が続いているが，4位の脳血管疾患は昭和45年をピークに低下しはじめ，その後は低下と上昇を繰り返しながら現在まで低下傾向が続いている。

　心臓病（心疾患）は年をとれば誰でもかかる可能性がある一方で，食事や運動などで予防できる病気でもある。心臓病には大きく分けて虚血性心疾患（狭心症，心筋梗塞），心臓弁膜症，不整脈，心不全の4種類がある。

　また，加齢に伴う筋骨格運動器系の疾患や筋力，持久力，バランス機能などの体力の低下により運動器症候群，いわゆるロコモティブシンドロームが虚血性心疾患を引き起こすことも考えられる。30歳を過ぎたころから身体機能は，1年間に約1%低下すると言われており，積極的な運動，特に筋力や持久力，柔軟性を保持することが望まれる。

●――虚血性心疾患の危険因子（島本ほか，2015）

1) 年齢（男性は45歳以上，女性は55歳以上）
2) 家族歴（家族の突然死や若年発の虚血性心疾患の既往）
3) 喫煙
4) 脂質異常症：高LDLコレステロール血症（140mg/dℓ以上），高トリグリセリド血症（150mg/dℓ以上）および低HDLコレステロール血症（40mg/dℓ未満）
5) 収縮期血圧140mmHgあるいは拡張期血圧90mmHg以上
6) 耐糖能異常／糖尿病：血糖値異常が認められた糖尿病型，糖尿病型ではないが空腹時血糖値110mg/dℓ以上あるいはOGTT2時間値140mg/dℓ以上の境界型
7) 肥満：BMI 25以上またはウエスト周囲径が男性で85cm，女性で90cm以上
8) メタボリックシンドローム：内臓肥満蓄積（上記，ウエスト周囲径）を必須にして，高トリグ

リセリド血症150mg/dℓ以上かつ，または低HDLコレステロール血症（40mg/dℓ未満），収縮
期血圧130mmHgかつ／または拡張期血圧85mmHg以上，空腹時高血糖110mg/dℓ以上のう
ち2項目以上を持つもの

9) CKD：尿異常（特に蛋白尿の存在），糸球体濾過量

10) 精神的，肉体的ストレスを危険因子とする

●──運動処方とトリム

　運動を健康増進のための有効手段とするため，最も適した運動内容を決定することを運動処方
と言う。各自の現在の体力を把握し，トレーニングの目的に応じて高めようとする体力要素を設
定し，運動の種類，強度，時間などのトレーニングの質や量と，トレーニングをおこなう頻度を
決定しなければならない。

　運動不足によって損なわれる健康を改善するための運動は，安全で効果的でなければならない。
西ドイツをはじめとするヨーロッパでは，運動不足を解消すべく，誰でも，いつでも，どこでも
身体を動かそうというトリム運動が提唱された。

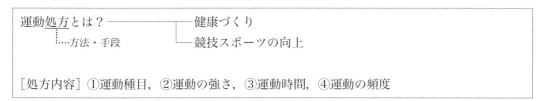

　健康のための運動は，①安全で，②効果が高く，③楽しい運動でなければならない。一方，チャ
ンピオンスポーツのトレーニングでは，ややもすると健康を損なうような強度を強いることも見
られる。しかし，そのような運動は，日常生活に支障をきたし，最終的には競技成績のみならず，
競技生命にもかかわる。

●──中高齢者の身体的特徴

　加齢に伴って，生体諸機能の働きは低下する。したがって，中高齢者が体力トレーニングをお
こなう場合，その特徴を熟知しなければならない。

1) 呼吸・循環系はじめ，種々の生理機能に予備力が少ない。したがって，少し無理をしただけで
　も機能的に破綻をきすことがある。

2) 中年に入ると，病気は指数関数的に増加する。

3) 生体のすべての組織は，加齢に伴って弾力性を失う。弾力性の喪失は，組織がもろくなったり
　折れやすくなったりすることを意味する。

4) 生体調節機能や代謝能力が低下し，疲労回復が遅れたり，怪我の治癒に長期間を要したり，ま
　た環境変化に対する適応性が低かったりする。

5) トレーナビリティが低く，トレーニング効果が出にくい。

6) 安静時の血圧，運動時の血圧が高い。

7) 最大心拍数が低い。したがって，予備力が低く，身体の負担度が大きい。

●──中高齢者の体力トレーニング全般についての留意点

上記の身体的特徴を知ったうえで，トレーニングの実施には次のような配慮が必要である。

1) 一見健康そうに見えても潜在疾患や機能低下が多い。したがって，メディカルチェックを厳重におこなう必要がある。

2) 体力や予備力が低いので安全性には十分な配慮が必要である。決して，トレーニングが安全限界を超えることがあってはならない。

3) トレーナビリティが低いので，早く目標を達成しようなどと焦らないでおこなう必要がある。

4) 自分に合ったマイペースのトレーニングをおこなうこと。決して競争や記録へのこだわりをもたないことである。

5) 血圧が上昇しやすいので，トレーニング種目も血圧上昇の軽いものを選ぶ必要がある。

6) 敏捷性を必要とするテンポの早い種目は，怪我を起こしやすいので避けること。

7) レクリエーション効果をより重視して，身体的効果よりも，むしろ心の喜び，ストレス解消としてのトレーニングをおこなうべきである。

8) 体温調節機能が低いので寒冷や高温を避け，気温には十分に気をつける。

●──中高齢者に適した運動

1) ジョギング（会話のできるスピードで），2) 歩行，3) ゲートボール，4) 柔軟体操・ストレッチング，5) ヨガ，6) 太極拳，7) ゴルフ，8) 水泳（温水プールでゆっくり泳ぐ，あるいは水中歩行）──これらの運動を，翌日まで疲れが残らない程度に，定期的におこなう。

［文　献］
• 浅見俊雄（1985）発育・発達とトレーニング，スポーツトレーニング．朝倉書店：p. 141.
• 金子公宥（1974）瞬発的パワーからみた人体筋のダイナミクス．杏林書院.
• 金子公宥（1988）発育に伴うパワーの発達，パワーアップの科学─人体エンジンのパワーと効率─．朝倉書店：pp. 125-139.
• 宮下充正（2007）基本動作の発達，子どもに「体力」をとりもどそう．杏林書院：p. 48.
• 島本和明ほか（2015）虚血性心疾患の一次予防ガイドライン（2012年改訂版）：日本循環器学会. https://www.j-circ.or.jp/cms/wp-content/uploads/2020/02/JCS2012_shimamoto_h.pdf（参照日 2020/9/15）
• 首都大学東京体力標準値研究会編（2007）新・日本人の体力標準値Ⅱ．不昧堂出版.
• シンクレア・デンジャフィールド：山口規容子・早川浩訳（2001）ヒトの成長と発達．メディカル・サイエンス・インターナショナル.
• Tanner, J. M. (1967) Education and physical growth: Implications of study of children's growth for educational theory and practice. University of London Press.
• 臼井永男・岡田修一（2011）発達運動論．NHK出版.
• 吉澤茂弘（1994）幼児の有酸素性能力およびトレーナビリティに関する研究．トレーニング科学研究会編，エンデュランストレーニング．朝倉書店：p. 200.

第11章

トレーニング計画

陸上競技100m走における世界記録の変遷をみると，1968年メキシコシティオリンピックでジム・ハインズ（米）が人類史上初の電動計時による9秒台（9秒95）を記録した。それから40年，2009年8月にウサイン・ボルト（ジャマイカ）が9秒58の驚異的な世界記録を出している。競泳の100m自由形では，1976年のモントリオールオリンピックで，ジム・モンゴメリー（米）が人類史上初の50秒を切る49秒99を出して以来，2009年までに15回の世界記録更新があり，46秒91まで短縮してきている。また，プロ野球をみてみると，オリックスからMLBで活躍したイチロー選手は，メジャー通算3089本安打，日米通算4367本安打の大記録を達成した。

人類の記録に対する限界はどこにあるのか。スポーツにおける新しい記録の更新を取りあげれば枚挙にいとまがない。

このようなスポーツの記録更新の背景には，トレーニング計画や新しいトレーニング法の開発，スポーツ栄養学やメンタル面の強化，コンディショニング等のスポーツ医・科学の進歩と競技を取り巻く社会心理的環境の変化（田村，1988）がある。

しかし一方では，ずいぶんと少なくなったとは思われるものの，若年齢スポーツ選手への過度なトレーニングの押しつけや過密な試合スケジュールにより，子どもの将来性をつぶしているようなことも，相変わらず見受けられる。それでは，いかにして子どもの将来性をつぶさず，スポーツ傷害などのリスクを少なくし，能力を伸ばすことができるのか。本章では，競技力向上を目的とした効率的なトレーニング計画立案の方法について学ぶ。

1. テーパリングとピーキング

トレーニングを実施すると，運動能力は疲労のため一過性に低下する。しかし，その後に十分な栄養と休養をとることによって，トレーニング前よりも一時的に体力が上昇する。これを超回

復（super compensation）と言う。しかし，トレーニングの量や質的強度が高すぎたり，エネルギー消費量に対する栄養の補給やトレーニング間の休養がとれておらず回復が十分でない状態が続いたりすると，ややもすると慢性的疲労（over training）に陥りパフォーマンスが低下するのみならず，長期にわたる休養が必要になることもある。

　競技大会において最高のパフォーマンスを生み出すためには，心身ともに最高のコンディションでなければならない。このため，トレーニングは計画的におこなわなければならない。専門種目に必要とする体力をつけたうえで，十分な専門的トレーニングをおこない，試合の数日間前から徐々に疲労を軽減させるようにトレーニングを調整し，身体的にも心理的にも充実した状態で試合に臨めるようにしていく。このように目的とした競技会で最高のパフォーマンスを生み出す過程を「ピーキング」と言い，その最終調整段階を「テーパリング」と言う。この目的を達成するための項目は次のようになる。

1) 筋肉が受けているダメージを修復する。
2) 筋と肝臓にグリコーゲンを蓄える。
3) ハードトレーニングによる脱水症状を回復させる。
4) 関節の腱疲労を和らげる。
5) 心理的疲労を軽減させる。

　このねらいを達成すると，身体の動きが軽く，速くなり，エネルギーが蓄えられるようになる。また，心理的にも"良いタイムが出そうだ。勝てる！"という自信がもてるようになる。陸上競技においてアメリカの著名なコーチであるダニエルは，これまでのタイムより1〜2％の改善が見込まれると述べている。

2. ピリオダイゼーション

　上記のように，競技スポーツでは，目的とする主要な競技会において最高のパフォーマンスができるように計画を立てトレーニングしている。そのために，指導者は選手の身体的能力や専門的スポーツ技術，さらには心理的状態を高いレベルに導くよう段階的に発達を考えたトレーニングを計画する必要がある。トレーニングをいくつかの周期に分けた方法としてピリオダイゼーションがある。

　ピリオダイゼーション（periodization）は，期間（period）に由来しており「期分け」ということである。一般的には，準備期，試合期，移行期の3つの周期に分かれている。オリンピックをめざした4年間での長期にわたる計画や年間計画のなかでいくつかの期間に区分し，目標とする試合や競技会で最高のパフォーマンスを出せるよう計画するものである。

●──準備期

　試合に向けたトレーニング期のことで，身体的・技術的・戦術的・心理的な面を向上させていく期間である。このトレーニング期をさらに，強化トレーニングのための総合的な体力向上と専

門種目のスポーツ技術を定着させることを主目的とした準備期，専門種目の強化を主目的とした最もトレーニング量・強度が高くなる鍛錬期，そして試合での戦術やスキルを磨き研ぎ澄ませていく仕上げ期に分けて計画する。

　準備期の目的は次のようになっている。

1) 一般的体力を改善する。

2) 専門種目に必要な身体能力を改善する。

3) 精神心理面を強化する。

4) スポーツ技術の改良と完成をめざす。

5) 戦術的行動を展開する。

6) トレーニング理論や方法論を理解する。

●──試合期

　準備期で身につけた一般的・専門的体力を維持し，コンディショニングの調整，戦術の最終チェックをおこない，完成させた技術を発揮できるようにメンタル面を準備し，ベストなパフォーマンスができるようにする。特に，チームスポーツでは試合期の期間が長く続くため，一般的体力を低下させることがないように，試合と試合の間のトレーニングを考える必要がある。トレーニングの質を高くし，時間や量を減らし，疲労を抜きながら次の試合の準備をしなければならない。

●──移行期

　移行期は一般的にシーズンオフと呼ばれる期間で，長い期間のトレーニングと試合の身体的・心理的な疲労をとり，リフレッシュさせるとともに，来シーズンへの準備をする時期でもある。

　前シーズンを振り返るとともに，メディカルチェックや体力テストをおこない，身体の故障や体力の把握，専門種目の理論を学び，来シーズンの準備をおこなう時期でもある。体力面の維持が難しいことから，専門種目以外のレクリエーション的なスポーツをおこなうなど，積極的に身体を動かすことも必要である。

3．プランニング

　第3章に記載したトレーニングの原理・原則に則り，選手個々に対して全面性および専門性を考えた至適強度のトレーニング負荷を設定し，高い意識をもってトレーニングに取り組み，さらに，タイミングとバランスを考えた十分な栄養摂取と質の高い休養をとることが大切である。

　トレーニングは，運動（負荷）→栄養→休養→回復（超回復）→発達のサイクルを繰り返すことによって，体力を向上させるとともに運動技術を身につけ，それぞれの専門種目のパフォーマンスを向上させていくことができる。このサイクルは，理論的で科学に裏づけされた客観性をもった計画的なものでなければ，トレーニングの目的や目標を達成することはできない。大きな目標

に向かって，いくつかの段階的な目標を立て，それを達成するようにトレーニングを計画することが必要である。

●──トレーニング計画立案の原則

■①目標を明確に把握する

　具体的な目標を立てることができないと，どの時期にどのようなトレーニングをおこなうかを決めることはできない。その目標は，大会で良い成績をあげることであるときもあるし，将来を考えた長期的なトレーニングの一環として考えるときもある。

　また，何のためにこのトレーニングを実施するのかを決めるときにも，目標を明確に把握していなければ，正しいトレーニング計画を立案することはできない。

■②スポーツ種目の特性を把握する

　それぞれのスポーツ種目には特異性があり，その種目によっておこなわれるトレーニングも当然変わってくる。おこなっている専門種目の体力的および技術的特性を把握しなければならない。

■③トレーニング対象を把握する

　トレーニングをおこなう対象者の身体的特徴や体力特性，これまでの運動歴，さらには心理的特徴や社会的条件なども把握しておく必要がある。

●──トレーニング計画の実際

　旧ソ連でおこなわれていた数年におよぶ超長期的トレーニングから試合前の調整トレーニングのような短期的トレーニングまで，トレーニング計画は科学的理論に基づき，その時間的な区分によってさまざまなものが作成される。

■①超長期・長期トレーニング計画

　競技スポーツの活動拠点が，我が国のような学校体育制度であれば，3～4年の学校種別ごとのトレーニング計画となる。しかし，欧米のようなクラブチームであれば，超長期的トレーニング計画をもって選手育成することができる。そのためには，トレーニングの対象となる人物のライフサイクルのなかで，現在どの時期に相当するのかを理解することから始まる。

　超長期的な展望をもっているならば，子どもに無理なトレーニングを課すこともなくなるであろう。

■②マクロサイクル(macro-cycle)

　マクロサイクルは，一般的に1年間をいくつかの期間に分けて，年間トレーニング計画として立案されている。年間におこなわれる主要な競技会に合わせてトレーニング計画を1～3の期間，コーチによっては5つのマクロサイクルで計画を作成する場合もある。トレーニング効果をあげる最短のトレーニング期間は12週間とした考えからきている。逆に年間ではなく，オリンピック

や世界選手権に合わせて，２年とか４年の期間のなかでマクロサイクルを計画するコーチもいる。

　図11-1は，年間を４つのマクロサイクルで作成した競泳のトレーニング計画である。縦軸は運動負荷となる泳距離を示している。

　トレーニングの開始時からトレーニング量が増加してくると，疲労を伴ってパフォーマンスが低下する。しかし，マクロサイクルの終盤に試合に合わせたテーパリングをおこない，トレーニング量を減少させると超回復が起こり，トレーニング効果が現れて記録が向上するとした計画である。

図11-1　年間トレーニング計画と理想的記録向上

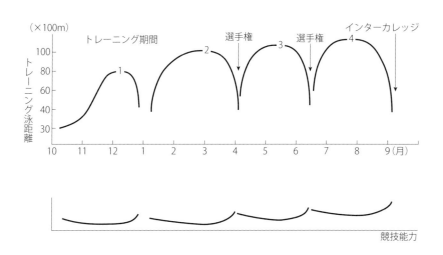

図11-2　大阪体育大学水泳部のトレーニング泳距離

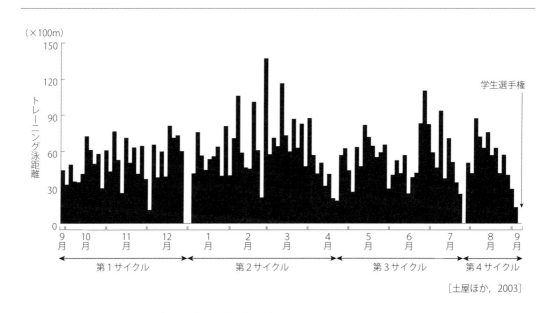

［土屋ほか，2003］

図11-3　二重周期のトレーニング計画

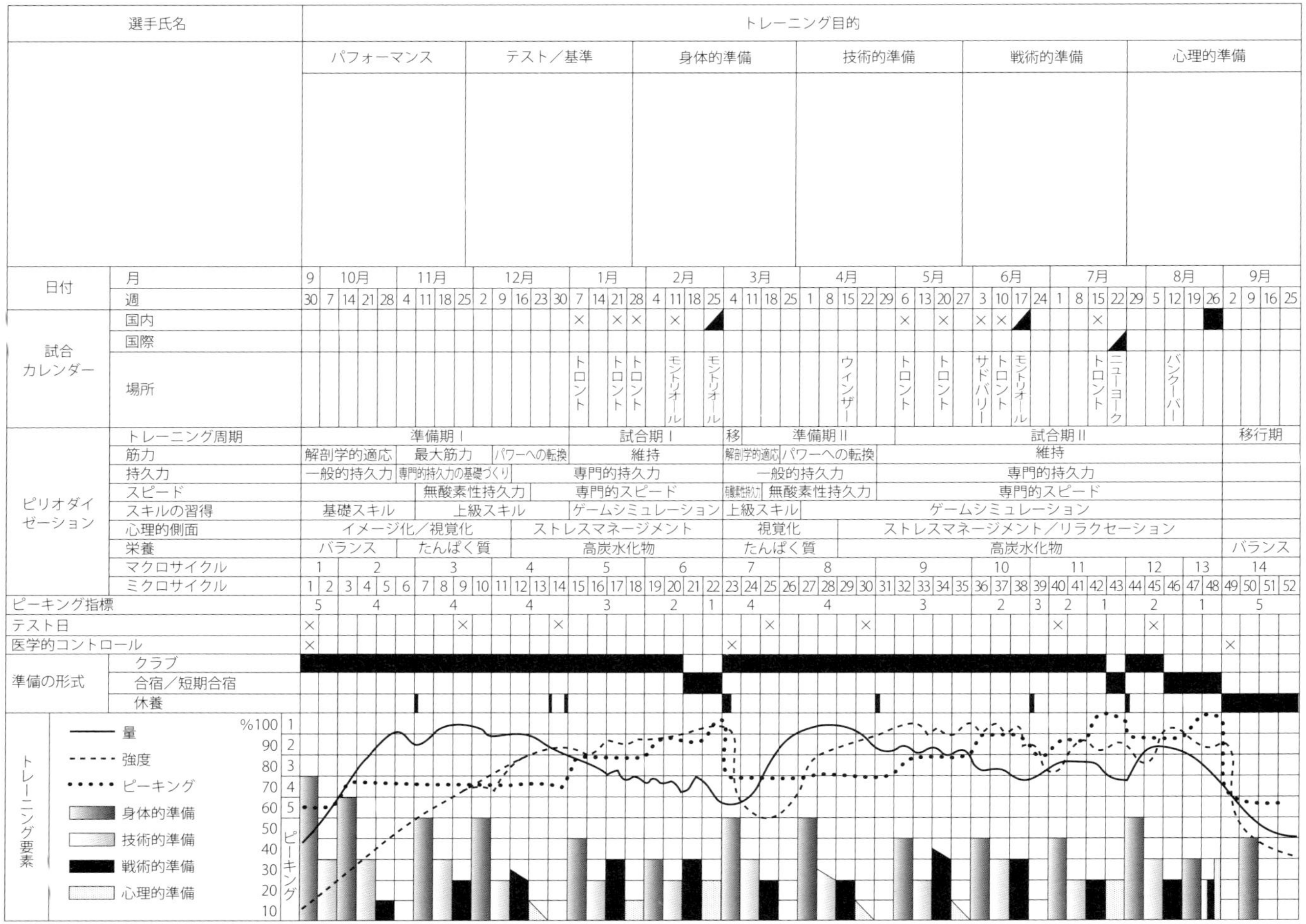

[Bompa, 1983]

図11-4 三重周期のトレーニング計画

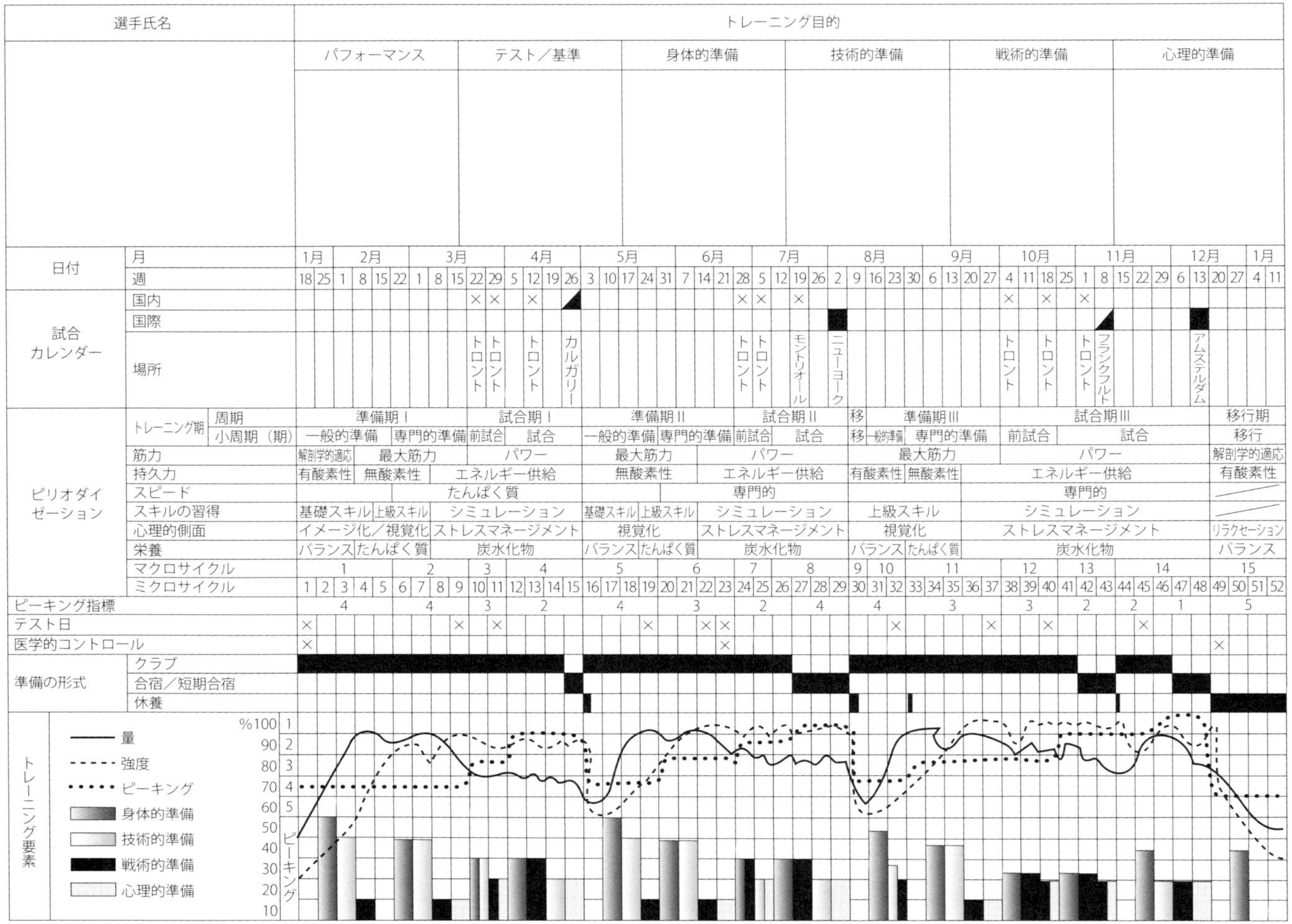

選手氏名

トレーニング目的

	月	1月	2月	3月	4月	5月	6月	7月	8月	9月	10月	11月	12月	1月

（パフォーマンス／テスト・基準／身体的準備／技術的準備／戦術的準備／心理的準備）

日付

試合カレンダー　国内／国際／場所

ピリオダイゼーション
- トレーニング期／周期／小周期（期）
- 筋力／持久力／スピード／スキルの習得／心理的側面／栄養
- マクロサイクル／ミクロサイクル

ピーキング指標
テスト日
医学的コントロール

準備の形式　クラブ／合宿・短期合宿／休養

%100 1
90 2
80 3
70 4
60 5
50
40
30
20
10

トレーニング要素
- 量
- 強度
- ピーキング
- 身体的準備
- 技術的準備
- 戦術的準備
- 心理的準備

[Bompa, 1983]

143

実際にロシアの競泳コーチ，ゲナディ・トレッキー氏は，このトレーニング計画で，アンドリュー・ポポフ選手を２年間計画でオリンピックチャンピオンに導くとともに，その後12年間の長期にわたって世界チャンピオンの座に居座らせた。

図11-2は，上記の考え方を基にトレーニング計画を立案し，13カ月間実際におこなったトレーニング内容である。競泳のトレーニング負荷として，１日ごと400日間の泳距離をグラフにしたものである。

また，チームスポーツにおける年間計画では，多くの球技種目で，春季，秋季リーグの２期制でおこなわれることが多いため，２回のマクロサイクルとなる（**図11-3**）。さらに，ボクシングやレスリング，水泳など年間を通しておこなわれるスポーツでは，主要な大会に合わせて３回のマクロサイクルでおこなう年間計画を**図11-4**に示した。いずれにしても，１つひとつのマクロサイクルは，次のメゾサイクルの内容である前述のピリオダイゼーション，トレーニング周期に分割されている。

■❸メゾサイクル（mezo-cycle）

１つのマクロサイクルには，それぞれ２～６週間の準備期，鍛錬期，仕上げ期という３つのメゾサイクルがある。準備期は，さらに３つのトレーニングサイクルに分割されることはすでに説明したが，試合で結果を出すために，最も重要な周期である。

メゾサイクルの第一段階である準備期は，体力とフォームづくりをおこなう。第二段階の鍛錬期で持久力を主体とした量的トレーニング期から，試合の内容に近い質的ハード期へと強化をおこなう。そして，第三段階の仕上げ期では，疲労を軽減させながら，試合に向けた戦術を確認する内容となっていく。

メゾサイクルにおける１週間ごとのそれぞれのトレーニング内容は，周期ごとに第一ステップから第三ステップへと負荷強度を上げながら，第四ステップでは調整をおこなう。また，疲労回復のためにトレーニング強度を落とす曜日を設けている（**図11-5**）。

図11-5　メゾサイクルの周期ごとのステップ構成

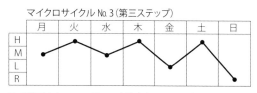

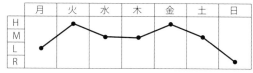

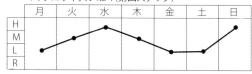

H：高強度トレーニング，M：中強度トレーニング，L：低強度トレーニング，R：疲労回復

［Bompa, 1983］

■■■4 ミクロサイクル(micro-cycle)

　マクロサイクル，メゾサイクルとそれぞれ年間から数週間の計画をプランニングできたならば，それぞれの目的に応じたトレーニング周期における1週間のトレーニングを計画する。これがミクロサイクルである。

　メゾサイクルは，数週間のトレーニング周期として計画されているため，ミクロサイクルとしてそれぞれの1週間をどのような構成でトレーニングをおこなうかを作成する。さらに，1日1日のトレーニングメニューの作成はレッスンと呼んでいる。

■■■5 トレーニングレッスン

　トレーニングの最小単位は日々のトレーニング内容である。その構成は，下記のようになっている（**図11-6**）。

1) 導入（ウォーミングアップ）
　・一般的ウォーミングアップ
　・専門的ウォーミングアップ
2) 主要部（メイントレーニング）
3) 終局部（クーリングダウン）

図11-6　トレーニングレッスンの構成

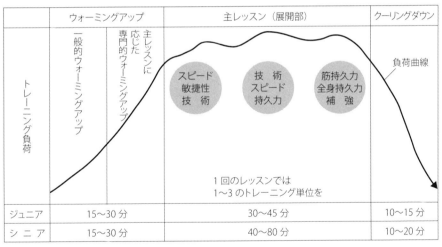

[村木，1994]

●──トレーニング計画の確認と修正

　トレーニング計画は，シーズン開始前に作成することは当然のことである。また，シーズンの終了後には，主目標とした大会での成績や選手のパフォーマンスから，能力の向上や発達の度合

図11-7　競技力向上に関するトレーニングマネージメント

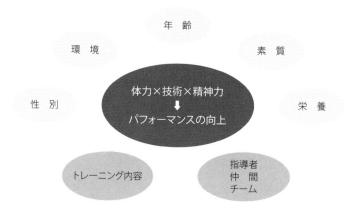

いを分析し，次年度の計画を見直すことが重要である。

　また，シーズン前に作成したトレーニング計画は，シーズン中のいくつかの練習試合や記録会の結果から，選手の一般的・専門的な体力・運動能力，スポーツ技術や戦術，心理面などの発達の度合いを多角的に分析し，修正を加えることも必要である。

　陸上や競泳のように，記録でそのパフォーマンスをみることができる客観性スポーツでは，比較的にそれらの情報を分析しやすいが，心理的能力やレース経験なども試合においては重要なファクターであり，いかに客観的情報としてデータを集積し，トレーニング計画立案の一助とするか検討しておく必要がある。

　以上のように，目標とする試合で最高のパフォーマンスが出せるよう科学的にトレーニング計画を立案し，日常的なトレーニングメニューを作成することは，コーチや指導者にとって最も重要な役割である。

　コーチや指導者は，このほかにスポーツ指導の現場で技術指導はもちろんのこと，チームや選手の体力の向上と体調管理，試合における戦術指導やメンタル面の強化と選手の人間的な教育を含めた指導，さらにはトレーニング環境の整備等，その役割は多岐にわたる（**図11-7**）。近年ではトレーニングマネージメントとして，これらの多くの事柄を1つひとつ実行していくために，各分野の専門家を集めたり，作ったりして作業の分担化を図り，指導体制を確立することもおこなわれている。

［文　献］
• Bompa, T. O. (1983) Theory and methodology of training: the key to athletic performance. Kendall/Hunt Publishing Company.
• 村木征人（1994）トレーニング構成の計画・管理，スポーツ・トレーニング理論．ブックハウス・エイチディ：p. 174.
• 田村清・栗山佳也（1988）棒高跳びにおけるポール素材と記録向上の関係．大阪体育大学紀要，19：pp. 43-57.
• 土屋裕睦・川島康弘・滝瀬定文（2003）大学競泳チームにおける心理的サポートの実践．大阪体育大学紀要，34：pp. 83-94.

付　録　❶

■筋力・筋パワートレーニング，敏捷性トレーニング実施上の留意点

注　意　点	指導法や留意点
筋力・筋パワートレーニング	
・ウォーミングアップとクーリングダウンを十分におこなう。	・筋，腱への負担軽減，筋温を高めるために必要である。 ・ストレッチや動的運動も入れる。
・フリーウエイトは危険が伴う。そのうえ，取り扱いが煩雑になる。	・補助者を依頼したり，仲間同士で実施したりするとよい。
・バーベルやダンベル使用時はプレートの外側を留めるカラーを固定する。	・しっかり固定しないと怪我の原因になる。
・正しいフォームと握り方を早く習得する。	・トレーナーに説明を受けたり，指導書を読んだりするとよい。
・フリーウエイトは，床のしっかりした滑らないトレーニング場所で実施する。	・滑りやすい床は危険。バランスを崩しやすい。
・トレーニングの流れは，パワー，集中力を高める動作を先にする。その後，正確でリズミカルな筋力トレーニングへ展開する。 ・軽い重量から始め，徐々に重くする。	・心身ともにフレッシュなときに敏捷な動きでパワー養成。
・「呼吸方法」に気を付ける。おもりを持ち上げるときに力を入れながら，息を吸うかまたは吐く（種目の動きによる）。 ・精神を集中しておこなう。	・初心者や中高齢者は，運動中，息を止めないようにする。 ・「怒責」作用を防ぐため。
・大きな筋群から小さな筋群へと移行するように種目を並べる。	・小さな筋の疲労を残したまま，その筋も動員しなければならない大筋群運動では1セットはできても，次のセットができなくなり，効率も悪くなる。
・プライオメトリックトレーニングの強度は，かなり高い。器具の高さ，安定性，床の状況をチェックしておく。 ・体調のよくないときは，中止するか軽くおこなう。	・怪我につながるこのトレーニングは，十分な筋力づくりの後，仕上げ期や試合期においておこなう。
敏捷性トレーニング	
・最大努力でしかも正しい動きでおこなう。	・リラックスしておこなうように指示する。 ・セット間は，ストレッチを含め，疲労回復するまでおこなう。

■持久力トレーニング実施上の留意点

注　意　点	指導法や留意点
[高温下の場合] ・日焼け，熱中症，脱水に注意。 ・気温が30℃以上ではトレーニングをやめる。 ・運動後には氷で冷やした飲み物を摂らない。	・高温多湿な日中を避け，朝夕の涼しい時間を選ぶ。 ・通気性のよい帽子やトレーニングウェアの着用。厚着はしない。 ・水分の補給はこまめに。 ・あまり冷たいと心臓のリズムを刺激し不整脈を起こすことがある。
[外気温が低い場合] ・高血圧症，脳血管に障害のある人は十分に注意する。 ・ウォーミングアップは十分におこなう。	・気温の低い時間（朝・夕）のトレーニングは避ける。 ・軽くて光の吸収のよい帽子，トレーニングウェア，手袋を着用。
[食事後のトレーニング開始時間] ・少なくとも食後2時間以内はトレーニングはしない。 ・軽い流動食は，その限りではない。 ・朝食前の運動は，夕食をきちんと食べていれば，何も摂らなくても差し支えない。	・食後すぐの運動は炭水化物利用型，朝の空腹での運動は脂肪燃焼型。 ・朝の運動直前にジュースなどを摂ることは血糖値の低下を防ぐ。
[強　度] ・トレーニング効果は，全力で運動しなくとも生じる。	・「頑張る」ことは必要な場合もあるが，精神面，身体面の疲労が大きく，オーバートレーニングの原因ともなる。
[時間・頻度] ・市民ランナーの障害は，トレーニング時間で45分，距離で10km以上，頻度で週5日以上の場合に発症例が多い。 ・長時間の歩行や走行の後は膝，アキレス腱，腓腹筋のアイシングをおこなう。	・健康づくりが目的の場合，故障なくトレーニングを継続できる価値のほうが大きい。 ・速やかに疲労回復。水泳も効果的である。
[次の症状があるときはトレーニングをやめる] ・安静時の脈拍が85〜90拍/分以上 ・食欲不振，下痢 ・睡眠不足 ・二日酔い ・動悸や息切れ ・疲労感 ・のどの渇きがひどい ・風邪気味 ・関節や筋，腱が痛い	・トレーニング前の体調，自覚症状をチェックし，指導する場合はその相手の状況を把握することは重要。

さくいん

[編集委員・執筆者紹介]

●編集委員

梅林 薫(うめばやし かおる)
大阪体育大学体育学部健康・スポーツマネジメント学科　教授

川島康弘(かわしま やすひろ)
大阪体育大学体育学部スポーツ教育学科　准教授

足立哲司(あだち てつじ)
大阪体育大学体育学部健康・スポーツマネジメント学科　准教授

●執筆者

足立哲司(あだち てつじ)——————第2章, 第7章, 付録　担当
大阪体育大学体育学部健康・スポーツマネジメント学科　准教授

梅林 薫(うめばやし かおる)——————第1章, 第5章, 第8章, 第10章　担当
大阪体育大学体育学部健康・スポーツマネジメント学科　教授

川島康弘(かわしま やすひろ)——————第3章, 第6章, 第9章, 第10章, 第11章　担当
大阪体育大学体育学部スポーツ教育学科　准教授

髙本恵美(たかもと めぐみ)——————第6章, 第10章　担当
大阪体育大学体育学部スポーツ教育学科　准教授

松田基子(まつだ もとこ)——————第4章, 第6章　担当
大阪体育大学体育学部健康・スポーツマネジメント学科　准教授

体力トレーニングの理論と実際　第2版

ⓒ大阪体育大学体力トレーニング教室，2015，2021　　NDC780／viii，151p／26cm

初　版第1刷発行──2015年7月30日

第2版第2刷発行──2021年5月1日

編　者────────大阪体育大学体力トレーニング教室

発行者────────鈴木一行

発行所────────株式会社 大修館書店

　　　　　　　　　〒113-8541　東京都文京区湯島2-1-1
　　　　　　　　　電話 03-3868-2651（販売部）　03-3868-2298（編集部）
　　　　　　　　　振替 00190-7-40504
　　　　　　　　　[出版情報] https://www.taishukan.co.jp

編集協力────────株式会社錦栄書房

装丁・本文デザイン───石山智博

組　版────────加藤　智

本文イラスト──────イーアールシー

印　刷────────横山印刷

製　本────────難波製本

ISBN978-4-469-26909-3　　　　　　　Printed in Japan